NOS LLAMARON ENEMIGO

NOS LLAMARON ENEMIGO
They Called Us Enemy © 2019 George Takei.
Translation copyright © 2020 Idea and Design Works, LLC.

ISBN: 978-1-60309-483-2 26 25 24 23 22 6 5 4 3 2

Published by Top Shelf Productions, an imprint of IDW Publishing, a division of Idea and Design Works, LLC. Offices: Top Shelf Productions, c/o Idea & Design Works, LLC, 2765 Truxtun Road, San Diego, CA 92106. Top Shelf Productions®, the Top Shelf logo, Idea and Design Works®, and the IDW logo are registered trademarks of Idea and Design Works, LLC.

Printed in Korea.

Jefe de Redacción: Chris Staros.
Editado por Leigh Walton.
Deseñado y rotulado por Gilberto Lazcano.
Traducido por Lawrence Schimel.
Revisado por Lenny Massiel Cauich Maldonado.
Asistencia de producción por Amaui Osorio.

Visite nuestro catálogo en línea en topshelfcomix.com.

NOS LLAMARON ENEMIGO

ESCRITO POR

GEORGE TAKEI
JUSTIN EISINGER
STEVEN SCOTT

ILUSTRADO POR

HARMONY BECKER

*En memoria de Papá y Mamá,
por su amor incondicional y
consejos para la vida.*

¡GEORGE! HENRY! LEVÁNTENSE DE INMEDIATO.
clic
¿TENEMOS QUE LEVANTARNOS, PAPÁ?
TENGO MUCHO ⩵OAAA⩵ SUEÑO.

VÍSTETE RÁPIDO.
¿QUÉ ESTÁ PASANDO?

NO HAY TIEMPO PARA EXPLICACIONES.
ESPEREN EN LA SALA HASTA QUE TERMINEMOS DE EMPACAR.

BAM
BAM
BAM

¿TAKEKUMA NORMAN TAKEI?
SÍ.

POR LA ORDEN EJECUTIVA 9066, SE LE CONMINA A ABANDONAR SU HOGAR DE INMEDIATO.

MI FAMILIA... NECESITO AYUDARLOS A PREPARARSE.
DIEZ MINUTOS.

HIJOS, ESPEREN AQUÍ MIENTRAS AYUDO A MAMÁ Y A SU HERMANA.
LUEGO LLEVAREMOS LAS MALETAS A LA CALZADA.
¿QUÉ ESTÁ PASANDO?
¿A DÓNDE VAMOS?
YO... NO LO SÉ.
-blam-

NUNCA PODRÉ OLVIDAR
ESA ESCENA...

...ESTÁ GRABADA EN MI MEMORIA.
TEDxKyoto

KIOTO, JAPÓN, 2014
SOY UN VETERANO DE LA NAVE *USS ENTERPRISE.*
VIAJÉ POR TODA LA GALAXIA...
...CON UNA TRIPULACIÓN COMPUESTA POR GENTE DEL MUNDO ENTERO.
NUESTRA MISIÓN ERA EXPLORAR MUNDOS NUEVOS Y EXTRAÑOS...
USS EXCELSIOR
NCC-2000
...BUSCAR NUEVA VIDA Y NUEVAS CIVILIZACIONES...
VAMOS, VAMOS.
¡SE DESPEDAZARÁ!
¡PUES DESPEDÁZALA!
¡APUNTA A ESA EXPLOSIÓN Y DISPARA!

...HASTA ALCANZAR LUGARES DONDE NADIE HA PODIDO LLEGAR.
TEDx

SOY NIETO DE INMIGRANTES JAPONESES QUE VIAJARON A ESTADOS UNIDOS.
Y QUE LLEGARON A UN LUGAR EXTRAÑO, BUSCANDO OPORTUNIDADES NUEVAS.

LOS ÁNGELES, 1935
MIS PADRES SE CONOCIERON EN CALIFORNIA.
el Rey
¿QUÉ TE PARECIÓ?
ME GUSTÓ LA MÚSICA.

MI PADRE, ***TAKEKUMA NORMAN TAKEI***, NACIÓ EN YAMANASHI, JAPÓN.
ESTARÁ LISTO EL PRÓXIMO MARTES AL MEDIODÍA.
LLEGÓ A AMÉRICA DE JOVEN Y ESTUDIÓ EN EL ÁREA DE LA BAHÍA DE SAN FRANCISCO.
LUEGO EMPRENDIÓ UN EXITOSO NEGOCIO DE LIMPIEZA EN SECO EN EL WILDSHIRE CORRIDOR DE LOS ÁNGELES.

MI MADRE, ***FUMIKO EMILY NAKAMURA***, NACIÓ EN FLORÍN, CALIFORNIA, PERO FUE CRIADA A LA MANERA TRADICIONAL JAPONESA.
COSÍ BOTÓN FALTABA. TODO BIEN AHORA.
SU PADRE LA HABÍA MANDADO A JAPÓN PARA EVITAR LA SEGREGACIÓN EN LA ESCUELA EN SACRAMENTO.

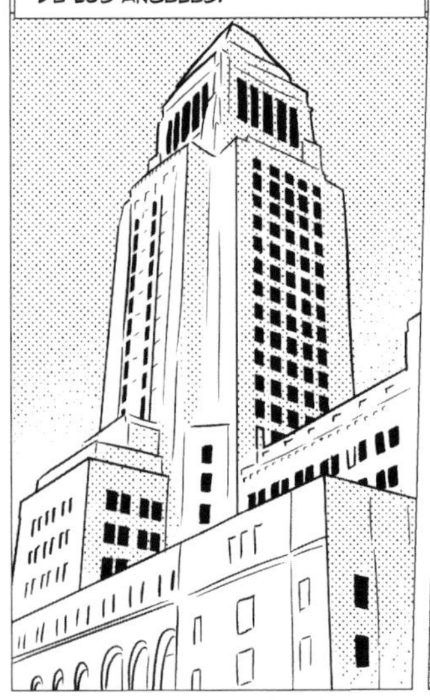
UN FUNCIONARIO DE LA CIUDAD LOS CASÓ EN EL PISO 27 DEL NUEVO EDIFICIO DEL AYUNTAMIENTO DE LOS ÁNGELES.

HOY ES UN DÍA MUY ESPECIAL.
SÍ, Y HAY MUCHOS MÁS DÍAS ASÍ POR VENIR.
POCO DESPUÉS, CELEBRARON EL ACONTECIMIENTO CON FAMILIA Y AMIGOS EN UNA ALEGRE FIESTA.

BOYLE HEIGHTS, LOS ÁNGELES
20 DE ABRIL DE 1937
¡¡BUAA!!

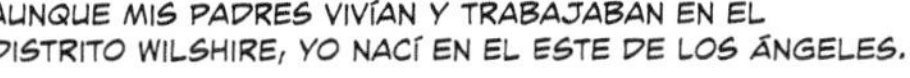
AUNQUE MIS PADRES VIVÍAN Y TRABAJABAN EN EL DISTRITO WILSHIRE, YO NACÍ EN EL ESTE DE LOS ÁNGELES.

SU PRIMER HIJO MURIÓ A LOS TRES MESES.
EL SIGUIENTE, TAN PRECIOSO DESPUÉS DE LA PÉRDIDA DEL PRIMOGÉNITO, NECESITABA UN NOMBRE QUE REFLEJARA SU LUGAR EN EL CENTRO DE SUS VIDAS.

MI PADRE ERA UN ANGLÓFILO. PARA ÉL, ESTE BEBÉ ERA TAN IMPORTANTE COMO UN PRIMER MINISTRO, O INCLUSO UN ***REY***.
¿POR QUÉ NO LE LLAMAMOS ***GEORGE***?

A PARTIR DE ENTONCES, ÉL LA LLAMARÍA ***MAMÁ***, Y A ÉL LO LLAMARÍA ***PAPÁ***.
Y ME PUSIERON MI NOMBRE POR EL ***REY JORGE VI*** DE INGLATERRA.

GEORGE, SÉ AMABLE CON HENRY.

SÍ, MAMÁ.

CUANDO NACIÓ, MI HERMANO ERA TAN ENORME COMO *ENRIQUE VIII*...

...POR QUIEN LE PUSIERON SU NOMBRE.

PRONTO, LLEGARÍA NUESTRA HERMANA PARA COMPLETAR LA FAMILIA.

DOMINGO, 7 DE DICIEMBRE DE 1941
Silent Niiiiight
Hooooly Niiiiight
Allll is caalm
Allll is Briiiight
Sleeeep in heaavenly pe-eaace
Sleeeep in heaavenly p
INTERRUMPIMOS TODOS LOS PROGRAMAS CON UN BOLETÍN ESPECIAL DE NOTICIAS. BOLETÍN ESPECIAL:
EL PRESIDENTE ROOSEVELT ACABA DE ANUNCIAR QUE LOS ***JAPONESES*** HAN ATACADO ***PEARL HARBOR, HAWÁI*** POR VÍA AÉREA.
VAMOS AHORA A WASHINGTON.

AÚN NO ESTÁN DISPONIBLES LOS DETALLES, LLEGARÁN EN UNOS MINUTOS.
ON THE AIR

NATURALMENTE, UN ATAQUE JAPONÉS CONTRA PEARL HARBOR SIGNIFICARÍA *LA GUERRA.*

AI-157
AI-157
TAL ATAQUE NATURALMENTE CONLLEVARÍA UN CONTRATAQUE...

...Y HOSTILIDADES DE ESTE TIPO NATURALMENTE SUPONDRÍAN QUE EL PRESIDENTE SOLICITE AL CONGRESO...
...UNA *DECLARACIÓN DE GUERRA.*
NO HAY NINGUNA DUDA, DADO EL TEMPERAMENTO EN EL CONGRESO, QUE TAL DECLARACIÓN SE HARÍA.

f. Short-wave radio receiving sets.

g. Transmitting set

h. Signal devices.

i. Codes or ciphers.

j. Cameras.

k. Papers, documents or books in which there may be invisible writing; photograph, sketch, picture, drawing, map or graphical representation of any military or naval installations or equipment or of any arms, ammunition, implements of war, device or thing used or intended to be used in the combat equipment of the land or naval forces of the United States or of any military or naval post, camp or station.

All such property found in the possession of any alien enemy in violation of the foregoing regulations shall be subject to seizure and forfeiture.

(6) No alien enemy shall undertake any air flight or ascend into the air in any airplane, aircraft or balloon of any sort whether owned governmentally, commercially or privately, except that travel by an alien enemy in an airplane or aircraft may be authorized by the Attorney Ge ... esentative, or the Secretary of War, or his representative, in their respective jurisdictions, under such

ESE MISMO DÍA, EL PRESIDENTE FIRMÓ UNA PROCLAMACIÓN DECLARANDO QUE TODO ADULTO JAPONÉS DENTRO DE LOS EE. UU. ERA AHORA UN "ENEMIGO EXTRANJERO" Y DEBERÍA SEGUIR REGULACIONES ESTRICTAS.

MI PADRE AMABA ESTE PAÍS Y HABÍA VIVIDO AQUÍ DURANTE VEINTICINCO AÑOS, PERO EE. UU. NUNCA LE HABÍA PERMITIDO SOLICITAR LA CIUDADANÍA. AHORA, LO CONSIDERABAN UN ENEMIGO EN UNA GUERRA QUE AÚN NO SE HABÍA DECLARADO.

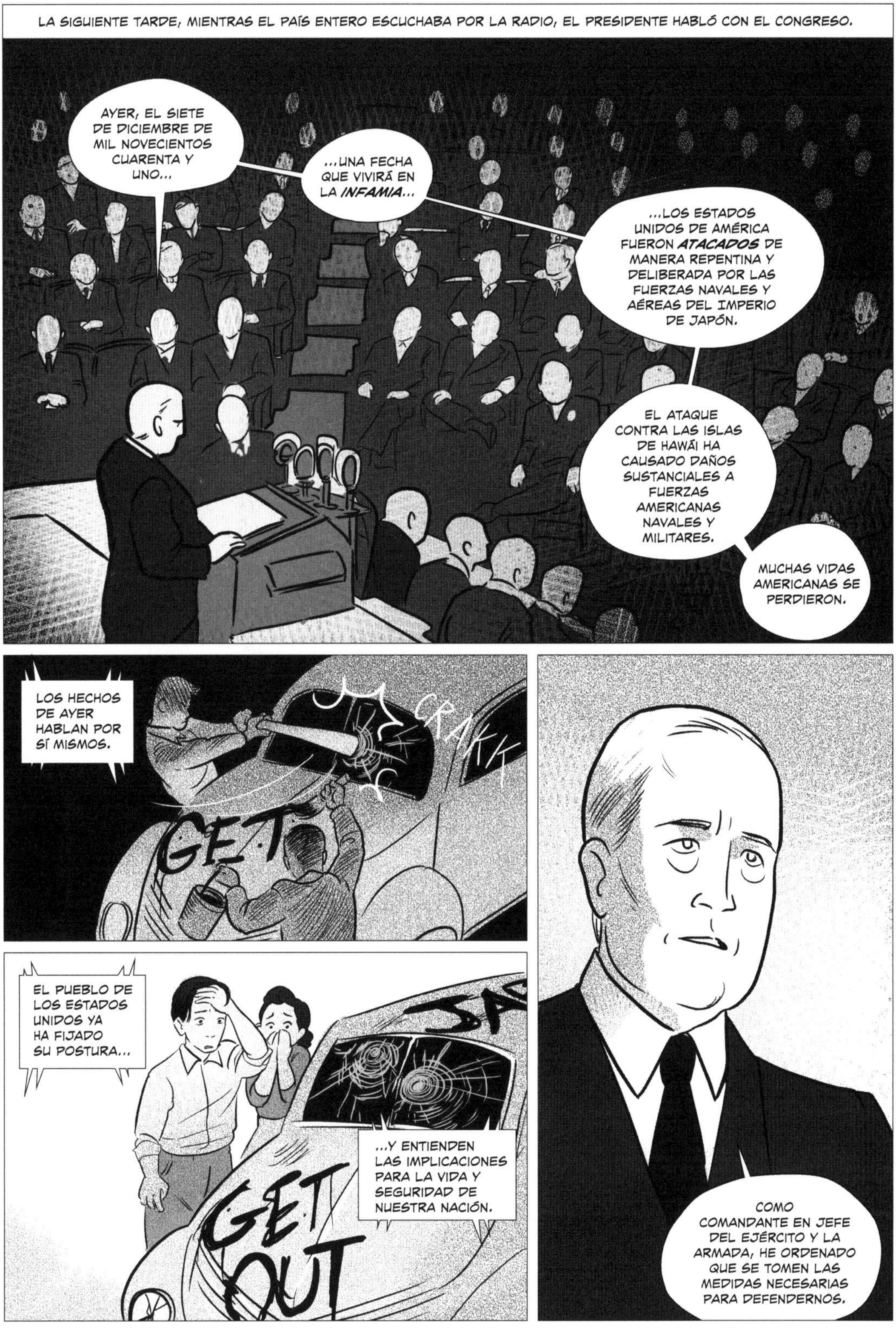

LA SIGUIENTE TARDE, MIENTRAS EL PAÍS ENTERO ESCUCHABA POR LA RADIO, EL PRESIDENTE HABLÓ CON EL CONGRESO.

AYER, EL SIETE DE DICIEMBRE DE MIL NOVECIENTOS CUARENTA Y UNO...

...UNA FECHA QUE VIVIRÁ EN LA ***INFAMIA***...

...LOS ESTADOS UNIDOS DE AMÉRICA FUERON ***ATACADOS*** DE MANERA REPENTINA Y DELIBERADA POR LAS FUERZAS NAVALES Y AÉREAS DEL IMPERIO DE JAPÓN.

EL ATAQUE CONTRA LAS ISLAS DE HAWÁI HA CAUSADO DAÑOS SUSTANCIALES A FUERZAS AMERICANAS NAVALES Y MILITARES.

MUCHAS VIDAS AMERICANAS SE PERDIERON.

PERO NUESTRA NACIÓN RECORDARÁ POR SIEMPRE LA NATURALEZA DE ESTE ATAQUE CONTRA NOSOTROS.
TARDEMOS LO QUE TARDEMOS EN SUPERAR ESTA INVASIÓN PREMEDITADA...
BARBERÍA
CORTES GRATIS PARA RECLUTAS
...EL PUEBLO AMERICANO, CON SU VIRTUOSA FORTALEZA, ALCANZARÁ LA VICTORIA ABSOLUTA.
EXISTEN HOSTILIDADES.
NO PODEMOS IGNORAR EL HECHO DE QUE NUESTRO PUEBLO, NUESTRO TERRITORIO Y NUESTROS INTERESES ESTÁN EN GRAVE PELIGRO.
CON PLENA CONFIANZA EN NUESTRAS FUERZAS ARMADAS...
...Y CON LA DETERMINACIÓN SIN LÍMITES DE NUESTRO PUEBLO...
...NUESTRO *TRIUNFO ES INEVITABLE.*
¡QUE DIOS NOS AYUDE!
JAPO ATACA EE.UU...

PIDO AL CONGRESO QUE DECLARE QUE, DESDE EL RUIN Y NO PROVOCADO ATAQUE DE JAPÓN EL DOMINGO, SIETE DE DICIEMBRE...
...LOS ESTADOS UNIDOS Y EL IMPERIO DE JAPÓN SE HALLAN EN ESTADO DE *GUERRA*.
ESTE DISCURSO TUVO EL EFECTO DESEADO.

TRAS 33 MINUTOS...
¡GUERRA!
OAHU BOMBARDEADO POR AVIONES JAPONESES
...EL CONGRESO DECLARÓ LA GUERRA CONTRA JAPÓN.

EN CALIFORNIA EN ESE MOMENTO, LA POSICIÓN POLÍTICA MÁS POPULAR ERA "ENCERRAR A LOS JAPOS".
LA SITUACIÓN JAPONESA TAL Y COMO EXISTE HOY EN ESTE ESTADO...
... PUEDE SER ***EL TALÓN DE AQUILES*** DE TODOS LOS ESFUERZOS DE DEFENSA DE LA CIUDADANÍA.
SI NO HACEMOS ALGO, PEARL HARBOR PODRÍA REPETIRSE.
EL FISCAL GENERAL DE CALIFORNIA, ***EARL WARREN***, DECIDIÓ TOMAR CARTAS EN EL ASUNTO.
QUERÍA PRESENTARSE COMO CANDIDATO PARA GOBERNADOR DEL ESTADO... Y HARÍA CUALQUIER COSA PARA GANAR ESE PUESTO.
¡EN-CIÉ-RREN-LOS!
¡EN-CIÉ-RREN-LOS!
¡EN-CIÉ-RREN-LOS!
VIO LA DIVISIÓN QUE PROVOCABA SU RETÓRICA.
SABÍA QUE ESTABA HABLANDO DE CIEN MIL PERSONAS QUE NO HABÍAN COMETIDO NINGÚN CRIMEN.
PERO HIZO UNA DECLARACIÓN ASOMBROSA, NO SOLO PARA CUALQUIER ABOGADO... SINO PARA EL MAYOR ABOGADO DEL ESTADO.
NO JAPOS

DIJO QUE NO HABÍA INFORMES DE ESPIONAJE NI SABOTAJE NI ACTIVIDADES CLANDESTINAS POR PARTE DE AMERICANOS JAPONESES...
NO JAPOS
...Y QUE ESO ERA *INQUIETANTE*, PORQUE LOS JAPONESES SON INESCRUTABLES.

NO PUEDES SABER EN *QUÉ* ESTÁN PENSANDO.
ASÍ QUE SERÍA PRUDENTE ENCARCELARLOS ANTES DE QUE HAGAN ALGO.

LA *AUSENCIA* DE CUALQUIER PRUEBA *ERA* PRUEBA SUFICIENTE PARA ESTE FISCAL GENERAL.*
*WARREN APROVECHÓ SU POPULARIDAD PARA LLEGAR A GOBERNADOR DE CALIFORNIA DURANTE TRES MANDATOS Y LUEGO JUEZ PRESIDENTE DEL TRIBUNAL SUPREMO DE LOS ESTADOS UNIDOS.

FLETCHER BOWRON, ALCALDE DE LOS ÁNGELES, TESTIFICÓ ANTE EL CONGRESO QUE ERAN "INASUMIBLES".
SON JAPONESES Y NADA MÁS... NO IMPORTA CUÁNTAS GENERACIONES HAYAN NACIDO EN AMÉRICA.
SIN DUDA, MUCHOS DE ELLOS *INTENTAN* SER LEALES... PERO, CUANDO LAS COSAS SE PONGAN FEAS, ¿QUIÉN PUEDE ESTAR SEGURO DE QUE SU HERENCIA NO PREVALECERÁ?
NO PODEMOS CORRER EL RIESGO DE OTRO EPISODIO COMO EL DE *PEARL HARBOR*.
Sr. BOWRON

LA PRESIÓN AUMENTÓ HASTA LLEGAR INCLUSO AL ***PRESIDENTE*** DE LOS ESTADOS UNIDOS.

EL 19 DE FEBRERO DE 1942, SETENTA Y CUATRO DÍAS DESPUÉS DE PEARL HARBOR... PROCLAMÓ LA ***ORDEN EJECUTIVA 9066.***

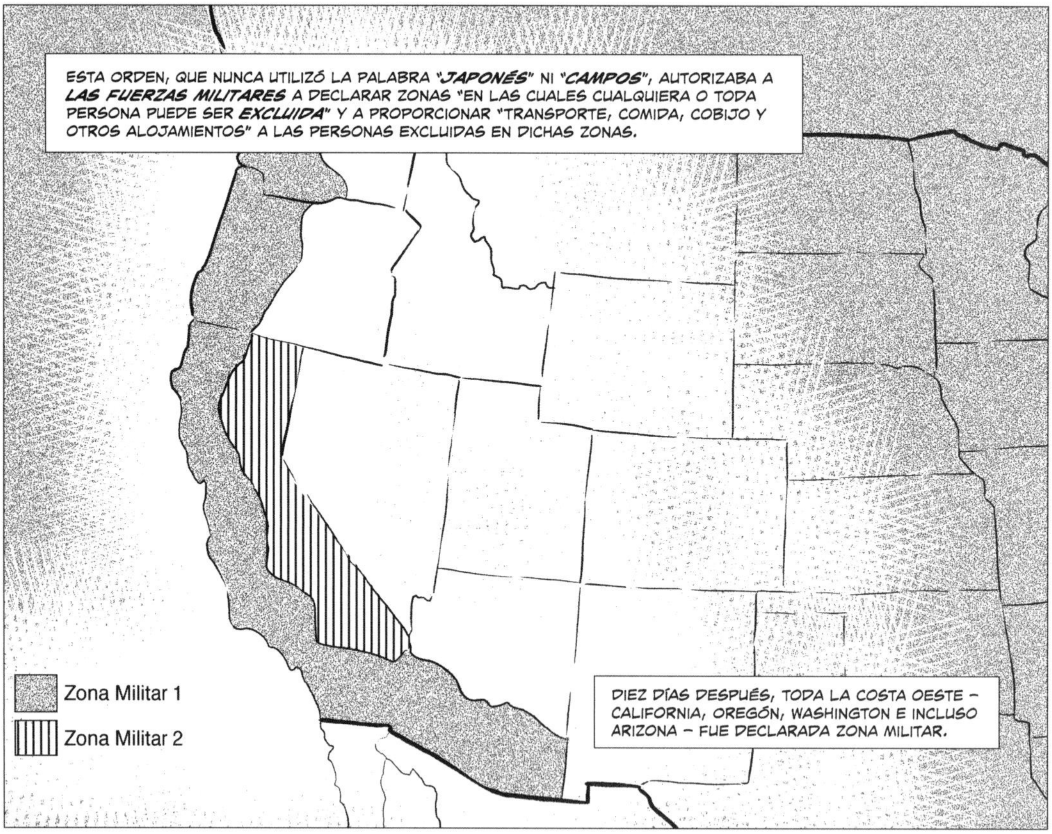

ESTA ORDEN, QUE NUNCA UTILIZÓ LA PALABRA "***JAPONÉS***" NI "***CAMPOS***", AUTORIZABA A ***LAS FUERZAS MILITARES*** A DECLARAR ZONAS "EN LAS CUALES CUALQUIERA O TODA PERSONA PUEDE SER ***EXCLUIDA***" Y A PROPORCIONAR "TRANSPORTE, COMIDA, COBIJO Y OTROS ALOJAMIENTOS" A LAS PERSONAS EXCLUIDAS EN DICHAS ZONAS.

DIEZ DÍAS DESPUÉS, TODA LA COSTA OESTE – CALIFORNIA, OREGÓN, WASHINGTON E INCLUSO ARIZONA – FUE DECLARADA ZONA MILITAR.

EN CUANTO A QUÉ TIPO DE PERSONA IBA A SER EXCLUIDA...
INSTRUCCIONES PARA TODAS LAS PERSONAS DE ASCENDENCIA
JAPONESA
...PRONTO FUE *OBVIO.*

DURANTE LA PRIMAVERA DE 1942, SALIERON MÁS DE CIEN *"ÓRDENES DE EXCLUSIÓN DE CIVILES"*, CADA UNA TRAZANDO UN DISTRITO Y ORDENANDO A TODOS LOS JAPONESES AMERICANOS QUE VIVIERAN ALLÍ QUE SE REPORTARAN EN SU *PUESTO DESIGNADO* PARA SER PROCESADOS Y TRASLADADOS.
NISHI HONGWANJI, EL TEMPLO BUDISTA MÁS ANTIGUO DE LOS ÁNGELES.

MIENTRAS EL EJÉRCITO RECORRÍA CADA DISTRITO, LAS FAMILIAS FUERON CARGADAS EN AUTOBUSES Y TRENES CAMINO A UN FUTURO DESCONOCIDO...

...ABANDONANDO TODAS SUS PERTENENCIAS MÁS ALLÁ DE LO QUE PODÍAN LLEVAR CONSIGO.

MUCHOS DE NOSOTROS YA HABÍAMOS PERDIDO CASI TODO.
INMEDIATAMENTE DESPUÉS DEL BOMBARDEO DE PEARL HARBOR...
...EL GOBIERNO DE EE.UU. HABÍA CONGELADO LAS CUENTAS BANCARIAS Y ACTIVOS FISCALES...
...DE CUALQUIER PERSONA SOSPECHOSA DE ***ACTIVIDADES ENEMIGAS.***
HARDWARE
CLOSING SALE
1 DAY TO GO
¿DOS DÓLARES?
DE NINGUNA MANERA, JAPO. TE DOY ***DIEZ CENTAVOS.***

NO.
...
¡ESPERA!
PARA ELLOS, LA ***ACTIVIDAD ENEMIGA*** INCLUÍA A AMERICANOS JAPONESES QUE VIAJARON FUERA DEL PAÍS TRAS EL 17 DE JUNIO DE 1940.
EN 1942, DESPUÉS DE LA ORDEN EJECUTIVA 9066...
UN PLACER HACER NEGOCIOS.
...LOS ACTIVOS FINANCIEROS, PROPIEDADES Y NEGOCIOS DE CASI TODOS LOS JAPONESES AMERICANOS FUERON EXPROPRIADOS.

AUNQUE NO TODOS ESTABAN DISPUESTOS A COLABORAR.
SMASH
¿POR QUÉ HAS HECHO ESO?
¡IBA A COMPRÁRTELO!
NUNCA LO ENTENDERÍAS.

DESDE PEQUEÑOS TESOROS HASTA ESTANCIAS GRANDES, NO TUVIMOS MÁS REMEDIO QUE VENDER NUESTRAS PROPIEDADES POR UNA FRACCIÓN DE SU VALOR.
LIQUIDACIÓN POR EVACUACIÓN

EL GOBIERNO NOS ADVIRTIÓ...
...QUE LOS GRANJEROS JAPONESES AMERICANOS QUE NO CUIDARAN LAS COSECHAS HASTA SU REUBICACIÓN SERÍAN TRATADOS COMO ***SABOTEADORES.***

DESPUÉS, LAS COSECHAS FUERON EXPROPIADAS POR INDIVIDUOS PRIVADOS A LA HORA DE LA RECOLECTA.

EN 1943, CALIFORNIA PROMULGÓ UNA LEY POR LA QUE CUALQUIER MAQUINARIA AGRÍCOLA DEJADA ATRÁS PODÍA SER RECOGIDA POR EL ESTADO...
...PARA QUEDÁRSELA O VENDERLA, Y ASÍ BENEFICIARSE DE CUALQUIER FORMA.

EL FISCAL GENERAL WARREN NO TENÍA EMPATÍA.
¿QUÉ OPINAN LAS FUERZAS ESTATALES DE LA LEY SOBRE ESTAS ACCIONES?
LA DECLARACIÓN FUE HECHA ANTE MÍ HACE UNOS DÍAS...
...SUPUSO LA VENTA DE BASTANTES EFECTOS DOMÉSTICOS A UN GRAN SACRIFICIO...
...PERO NO LO INVESTIGUÉ PARA VER SI ERA MUY DISTENDIDO O EXACTAMENTE CUÁLES FUERON LOS HECHOS.

LOS ÁNGELES
LO SIENTO, SRA. TAKEI, AQUÍ DICE QUE SU CUENTA HA SIDO CONGELADA.

EL 24 DE MARZO, MIENTRAS EL EJÉRCITO ESTABA IDENTIFICANDO SUS PRIMEROS DISTRITOS PARA LA EVACUACIÓN, ORDENARON UN TOQUE DE QUEDA PARA TODA LA COSTA.

EL PROPÓSITO DE ESTA ORDEN ERA PREVENIR SABOTAJE Y OTRAS ACTIVIDADES CLANDESTINAS, SEGÚN EL TENIENTE GENERAL JOHN L. DEWITT, COMANDANTE DEL COMANDO DE DEFENSA OESTE...

...UNO DE LOS HOMBRES MÁS RESPONSABLES DE LA ***HISTERIA*** QUE SIGUIÓ A PEARL HARBOR.

TODA PERSONA DE ORIGEN JAPONÉS TENÍA QUE QUEDARSE EN CASA DESDE LAS 8 DE LA NOCHE HASTA LAS 6 DE LA MAÑANA.

LOS RASGOS RACIALES HACEN QUE SEA IMPOSIBLE SEPARAR A LOS LEALES DE ***LOS DESLEALES***.

TODOS LOS JAPONESES EN LA COSTA OESTE ESTARÁN BAJO NUEVAS REGULACIONES DE TOQUE DE QUEDA.

CUALQUIER INFRACTOR SERÁ ***CASTIGADO*** DE INMEDIATO.

LOS INFRACTORES FUERON DETENIDOS RÁPIDAMENTE BAJO UNA NUEVA LEY APROBADA POR EL PRESIDENTE ROOSEVELT...
...Y ENFRENTABAN MULTAS DE 5,000 DÓLARES, UN AÑO ***EN LA CÁRCEL*** O AMBOS.
ESTÁS DETENIDO.
¡SOY UN CIUDADANO AMERICANO!
ALGUNOS VIOLARON EL TOQUE DE QUEDA DE MANERA DELIBERADA PARA OPONERSE A ESTA REGULACIÓN INCONSTITUCIONAL.

PRONTO, MÁS RESTRICCIONES FUERON ESTABLECIDAS.
¿A DÓNDE VAS A ESTA HORA?
POLICE
A CASA. ESTÁ A UNAS CUADRAS DE AQUÍ.
LOS JAPONESES AMERICANOS NO PODÍAN VIAJAR MÁS DE CINCO MILLAS LEJOS DE SU RESIDENCIA O LUGAR DE EMPLEO.

ENTONCES, PUSIERON CARTELES EN NUESTRO BARRIO.
ERA NUESTRO TURNO.

PUN
¿TAKEKUMA NORMAN TAKEI?
PUN
PUN

HYDE PARK, NUEVA YORK

ENTRAR ALLÍ EN ESA FECHA TAN SIMBÓLICA FUE UNA EXPERIENCIA MUY ***PODEROSA*** PARA MÍ.

ES CON MUCHO PLACER QUE DOY LA BIENVENIDA AL SR. ***GEORGE TAKEI***.
KERMIT ROOSEVELT III

CLAP
CLAP
CLAP
CLAP

ES UN GRAN HONOR VENIR A UNA BIBLIOTECA PRESIDENCIAL PARA HABLAR DELANTE DE UN PÚBLICO TAN GRANDE COMO ESTE.
EXPERIMENTÉ MUCHAS EMOCIONES DISTINTAS MIENTRAS CONDUCÍAMOS POR ***LA AUTOVÍA FRANKLIN DELANO ROOSEVELT*** DESDE MANHATTAN.
ESTÁBAMOS VIAJANDO ENTRE TANTA HISTORIA...
...HASTA ESTE LUGAR TAN LLENO DE TRADICIÓN.

F. D. R. Y SU FAMILIA – 1934

TODA ESTA HISTORIA...

LA HABITACIÓN DE FRANKLIN.
CONOZCO LA HISTORIA DE LA PRESIDENCIA DE FRANKLIN DELANO ROOSEVELT...

EN ESTA HABITACIÓN PODEMOS VER DONDE EL SR. ROOSEVELT...
...Y, EN MUCHOS SENTIDOS, ***AQUÍ*** ES DONDE COMIENZA ***MI*** HISTORIA.

PRIMAVERA DE 1942
NOS DESEMBARCARON EN EL HIPÓDROMO DE SANTA ANITA Y NOS LLEVARON HACIA LOS ESTABLOS.
MURA
TAKAHASHI

A CADA FAMILIA LE ASIGNARON UN ESTABLO DE CABALLO, AÚN APESTANDO AL HEDOR DEL ESTIÉRCOL.

¡VAMOS A DORMIR DONDE DORMÍAN LOS CABALLOS! ¡QUÉ CHIDO!

DE NIÑO, NO ENTENDÍA LA INJUSTICIA DE LA SITUACIÓN.

PERO PARA MIS PADRES ERA UN GOLPE DEVASTADOR.

HABÍAN TRABAJADO TANTO PARA COMPRAR UNA CASA DE DOS DORMITORIOS Y CRIAR UNA FAMILIA EN LOS ÁNGELES...

...Y AHORA ESTÁBAMOS TODOS METIDOS EN UN DIMINUTO Y MALOLIENTE ESTABLO DE CABALLOS.

ERA UNA EXPERIENCIA DEGRADANTE, HUMILLANTE Y ***DOLOROSA***.

NUESTROS PADRES HICIERON LO QUE PUDIERON PARA PROTEGERNOS DE UNAS CONDICIONES INSALUBRES...
...LLEVÁNDONOS A DUCHARNOS A DIARIO EN LOS POTREROS DE LOS CABALLOS...

...PERO, A PESAR DE SUS MEJORES ESFUERZOS, MI HERMANA PEQUEÑA ENFERMÓ.
WAAAAA
¡TIENE UNA FIEBRE ALTA!

HABÍA UN COBERTIZO EN MITAD DE LA ZONA DE ESTABLOS DONDE REPARTÍAN MEDICINAS.
MI MADRE ESTABA SIEMPRE CON NOSOTROS Y NOS LLEVÓ ALLÍ CON MI HERMANA.
PRUEBA ESTO PARA BAJAR SU TEMPERATURA.
COF COF
YO TAMBIÉN ENFERMÉ.

MIENTRAS MIS PADRES CUIDABAN A REIKO, TUVE QUE QUEDARME EN CAMA.
LA SEÑORA DEL ESTABLO CONTIGUO ME ECHABA UN OJO.
¿ESTÁS BIEN, GEORGE?

ESTOY COF BIEN...

DE ALGÚN MODO, COMENZAMOS A ACOSTUMBRARNOS A LA VIDA DEL CAMPAMENTO, INTENTANDO CREAR UN SENTIDO DE NORMALIDAD.
PERO NO TODO EL MUNDO SE HABITABA Y SURGIÓ EL MALESTAR.
YO COMENCÉ LA ESCOLARIZACIÓN ALLÍ, EN SANTA ANITA.
LAS CLASES TENÍAN LUGAR BAJO LAS TRIBUNAS.

DESPUÉS DE PASAR VARIOS MESES EN EL HIPÓDROMO, NOS ORDENARON UNA VEZ MÁS QUE RECOGIÉRAMOS TODAS NUESTRAS PERTENENCIAS.

LOS QUE LLEGARON TARDE AL HIPÓDROMO TUVIERON EL "LUJO" DE VIVIR EN LOS BARRACONES CONSTRUIDOS EN EL ESTACIONAMIENTO.

ANTE MIS OJOS DE NIÑO, ELLOS TENÍAN SUERTE DE RECIBIR "CASAS" DONDE VIVIR.

A NOSOTROS, UNA RESIDENCIA MÁS PERMANENTE NOS ESPERABA... EN ALGÚN LUGAR MUY LEJANO.

NOS CARGARON EN TRENES CAMINO AL ESTE, PERO NO SIN ANTES PONERNOS "ETIQUETAS" PARA CONTROLARNOS, COMO GANADO.

PARA MIS PADRES, ERA AÚN OTRO ACTO DESHUMANIZADOR.

YO SIMPLEMENTE PENSÉ QUE ERA MI BOLETO PARA EL TREN.

KOFF
KOFF
HAAAACK

KOFF HACKK KOFF
¿PAPÁ?

¿PAPÁ?
¿A DÓNDE
VAMOS?

VAMOS DE *VACACIONES*...
UNAS VACACIONES LARGAS A UN LUGAR LEJANO LLAMADO *ARKANSAS*.

¿Y CÓMO ES ALLÍ?

YO... NO LO SÉ...

VEÍA A GENTE LLORANDO Y NO SABÍA POR QUÉ.
PAPÁ DECÍA QUE NOS ÍBAMOS DE VACACIONES.

YO PENSABA QUE *TODO EL MUNDO* SE IBA DE VACACIONES EN UN TREN CON VIGILANTES ARMADOS A AMBOS LADOS DE CADA VAGÓN.
ERA UNA *AVENTURA.*

CADA VEZ QUE NOS ACERCÁBAMOS A UN PUEBLO, NOS OBLIGABAN A BAJAR LAS PERSIANAS.

fwap!

LA GENTE DEL PUEBLO NO DEBÍA VERNOS.

MI HERMANO Y YO ÉRAMOS NIÑOS INOCENTES QUE NO COMPRENDÍAN DEL TODO LA SITUACIÓN.

PENSÁBAMOS QUE LAS COSAS ERAN ASÍ.

DÍA DOS

SCREEEE

SCREEEE

¿SALIR?
¿AQUÍ?
¿POR QUÉ PARAMOS EN MITAD DE LA NADA?
VAN A MATARNOS AQUÍ, ¿VERDAD?
MAMÁ, ¿YA HEMOS LLEGADO?

¡SALGAN!
¡SALGAN PARA HACER EJERCICIO!

あの人達、降りろってよ。

¡AHH!

TUS HIJOS SON MUY *VIVACES*, TAKEI-SAN.

GRACIAS.
HIJOS VIVACES...
ANTE MIS OJOS DE NIÑO, PARECÍA QUE PAPÁ TENÍA SIEMPRE EL CONTROL DE CUALQUIER SITUACIÓN.
SOLO PUEDO IMAGINARME QUÉ PENSAMIENTOS ATRAVESABAN SU MENTE EN AQUEL MOMENTO...
...MIENTRAS ABANDONÁBAMOS NUESTRAS VIDAS ANTERIORES Y NOS ENCAMINÁBAMOS A UN FUTURO DESCONOCIDO.

ME ENSEÑÓ EL PODER DE LA DEMOCRACIA AMERICANA – LA DEMOCRACIA DEL PUEBLO.

LA GENTE PUEDE HACER ***GRANDES COSAS***, GEORGE. PUEDEN TENER IDEALES NOBLES Y BRILLANTES.

PERO SON TAMBIÉN SERES HUMANOS FALIBLES. Y SABEMOS QUE COMETIERON ***UN GRAN ERROR.***

SSSSS

JEJEJE
JEJEJE
VENGA, ¡TODOS A BORDO DE NUEVO!

¡SE ACABÓ EL DESCANSO!
¡SUBAN AL TREN!

¡AU!
¡QUEMA!

NO VOLVERÁS A HACERLO, ¿VERDAD?

VAMOS, CHICO.

PLEASE WATCH YOUR STEP

MAMÁ NOS OFRECIÓ A CADA UNO NUESTRA PROPIA CANTIMPLORA DE AGUA.

EN EL MOMENTO NO LE DI MÁS IMPORTANCIA PORQUE ME GUSTABAN LOS SORBOS DE AGUA TIBIA QUE PODÍAMOS TOMAR DE VEZ EN CUANDO.

EN REALIDAD, MI MADRE...
...EN SU PREOCUPACIÓN OBSESIVA POR NUESTRO BIENESTAR, LOS HABÍA LLEVADO...
...PORQUE TEMÍA POR LA CALIDAD DEL AGUA DISPONIBLE DURANTE EL VIAJE.

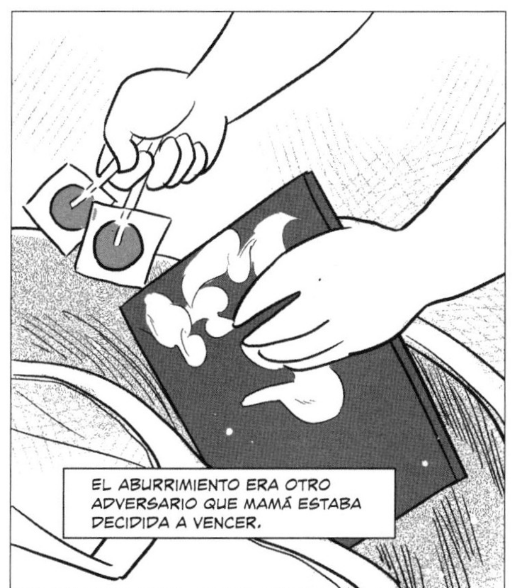
EL ABURRIMIENTO ERA OTRO
ADVERSARIO QUE MAMÁ ESTABA
DECIDIDA A VENCER.

TENGO RECUERDOS DORADOS DE SU MARAVILLOSA
BOLSA DE GOLOSINAS, QUE HIZO DEL TRAYECTO UN
VIAJE INOLVIDABLE.

ELLA, DESINTERESADAMENTE, HABÍA
LLENADO SU LIMITADO EQUIPAJE CON
SORPRESAS ESPECIALES PARA NOSOTROS.
LO QUE PROVOCÓ LA
EXPERIENCIA DE DOS VIAJES
CLARAMENTE DIFERENTES:

UNO, UNA AVENTURA
DE DESCUBRIMIENTO...

...EL OTRO, UN VIAJE LLENO
DE INQUIETUD HACIA UN
MISTERIO TEMIBLE.

MAMÁ SE MANTUVO OCUPADA EN TODO MOMENTO...
...RESUELTA A NO ENTREGARSE A LA ANGUSTIA DE LO QUE NO PODÍA CONTROLAR...
ELLA LA TOMA SÍ BIEN.

...LIMPIANDO A HENRY, QUE SUFRÍA MAREOS CON EL MOVIMIENTO DEL TREN...

...O ESPERANDO CONMIGO EN LA FILA PARA IR AL BAÑO.
MAMÁ NO IBA A PERMITIR QUE NADA...
...NI SIQUIERA EL GOBIERNO DE LOS ESTADOS UNIDOS...
...AFECTARA AL BIENESTAR DE SU FAMILIA.
RECUERDO SU PREOCUPACIÓN OBSESIVA...

...Y LA MELANCOLÍA DE MI PADRE.
PERO SON RECUERDOS POLVORIENTOS Y SECUNDARIOS.

LOS RECUERDOS MÁS NÍTIDOS Y VIVOS...
...SON DE UN TIEMPO ALEGRE LLENO DE JUEGOS, DIVERSIÓN Y DESCUBRIMIENTO.

LA MEMORIA ES UN GUARDIÁN ASTUTO DEL PASADO...
... NORMALMENTE FIABLE, PERO A VECES ENGAÑOSO.

LOS RECUERDOS DE LA INFANCIA SON ESPECIALMENTE ESCURRIDIZOS.

DULCES Y TAN LLENOS DE ALEGRÍA, PUEDEN A MENUDO SER UNA DESVIACIÓN DE LA VERDAD.

PARA UN NIÑO, ESA DULZURA...
...FUERA DE CONTEXTO E INTENSAMENTE SUBJETIVA...
...ES REAL PARA SIEMPRE.

YO SÉ QUE SIEMPRE ME VA A PERSEGUIR LA REALIDAD, MÁS GRANDE Y APENAS RECORDADA, DE LAS CIRCUNSTANCIAS EN TORNO A MI INFANCIA.

AL TERCER DÍA DE NUESTRO VIAJE...
THE
TEXAS STEAKHOUSE
The only steak
TOUGH ENOUGH
for a TEXAN!
...POR FIN HABÍAMOS SALIDO DEL DESIERTO.

PERSIANAS ABAJO.
BAJEN LAS PERSIANAS.

ÑIIIIIC
YA SABEN QUÉ HACER.
TODOS TRANQUILOS HASTA QUE COMENCEMOS A MOVERNOS DE NUEVO.
S S S

CLANG
CLANG
SCRAAACH

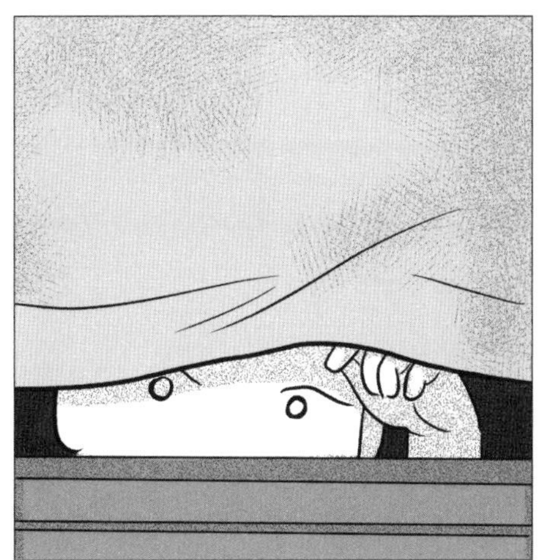

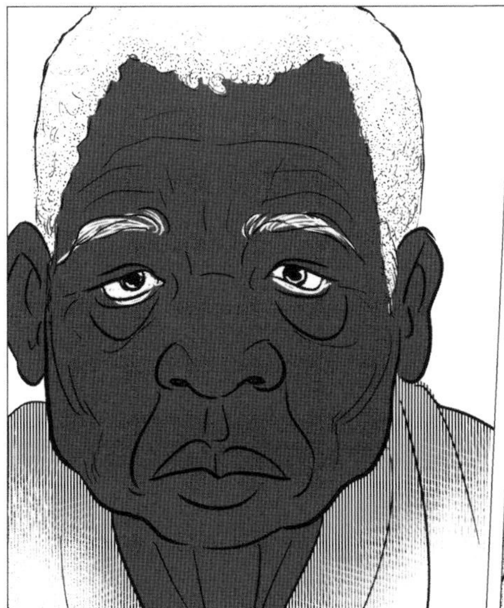
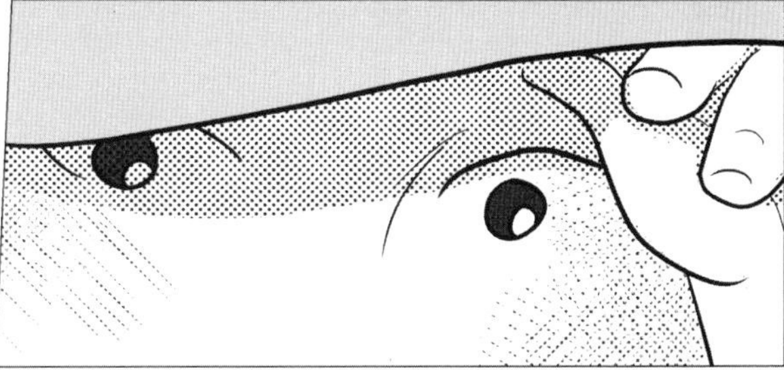

flap!

7 DE OCTUBRE DE 1942

CHU

CHU

CHU

CHU

CHU

CHU

BIENVENIDOS A
ARKANSAS
Tierra de Oportunidades

ROAR!
RHOAR!

¿RAUR?
ROAAR
ROAAR

¡ROHWER!

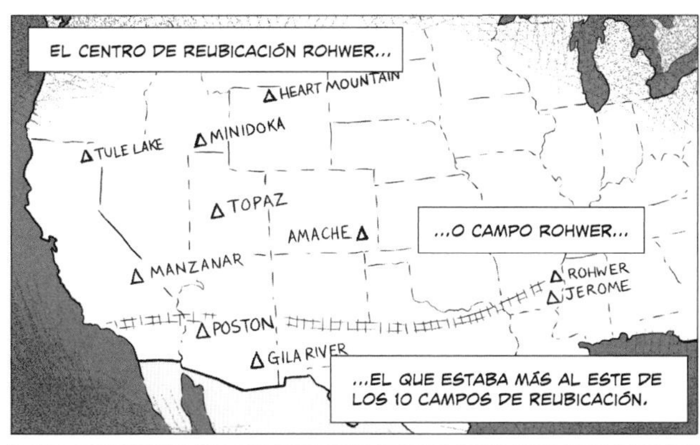
EL CENTRO DE REUBICACIÓN ROHWER...
HEART MOUNTAIN
MINIDOKA
TULE LAKE
TOPAZ
AMACHE
MANZANAR
POSTON
GILA RIVER
ROHWER
JEROME
...O CAMPO ROHWER...
...EL QUE ESTABA MÁS AL ESTE DE LOS 10 CAMPOS DE REUBICACIÓN.

¡MIRA! ¡ES IMAI-SAN, DE HOLLYWOOD DEL NORTE!

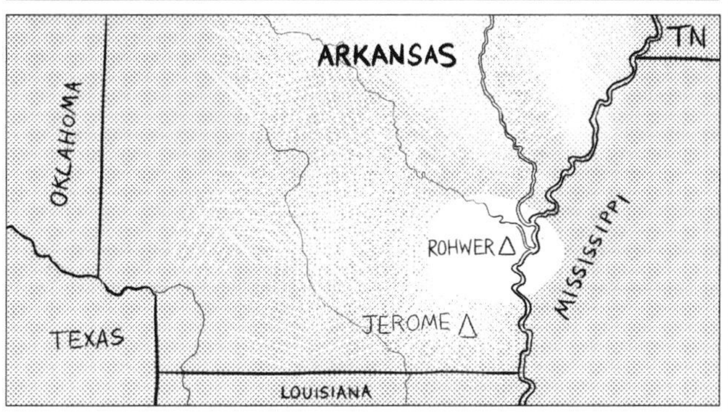
ARKANSAS
TN
OKLAHOMA
ROHWER
JEROME
MISSISSIPPI
TEXAS
LOUISIANA

PRONTO ESTUVIMOS TODOS EN FILA BAJO EL CALUROSO Y PESADO SOL DE ARKANSAS.

BLOQUE 6, CUARTEL 2, UNIDAD F.

ALLÍ ES DONDE EL CONDUCTOR LOS VA LLEVAR...

ESCUCHEN A MAMÁ. ALLÍ ES DÓNDE VAMOS...

¿VAMOS A VIAJAR EN ESE *CAMIÓN*?

CAMP ROHWER TENÍA 33 BLOQUES. CADA UNO FUE DISEÑADO PARA ALBERGAR A 250 PERSONAS.

EN SU MÁXIMA OCUPACIÓN, ROHWER CONTUVO A CASI 8500 AMERICANOS JAPONESES.

MESS 6
ESTO ES EL BLOQUE 6. SU ALOJAMIENTO ESTÁ UBICADO EN UNO DE LOS SIGUIENTES...

VOY A BUSCAR NUESTRO CUARTEL. NIÑOS, HAGAN CASO A SU MAMÁ.

CRUAAC -CRUAAC!

¿SABES QUÉ HACE ESE SONIDO?

NO, ¿QUÉ ES?

HAY UN DINOSAURIO ALLÍ FUERA.

¿¿UN DINO-QUÉ??

UN *DINOSAURIO*, TONTO. ¿NO SABES QUÉ SON DINOSAURIOS?

SON MONSTRUOS MUY GRANDES...
...QUE VIVIERON HACE MILLONES DE AÑOS...
...Y LUEGO MURIERON.
??
??

¿MURIERON? ENTONCES, ¿CÓMO ES QUE PODEMOS ESCUCHARLOS?

...

BUENO, EL ÚNICO LUGAR DONDE NO MURIERON ES AQUÍ EN ARKANSAS.

POR ESO CONSTRUYERON ESTA CERCA.

PARA MANTENERLOS ENCERRADOS.

BIEN. HE ENCONTRADO EL 6-2-F.

PARECE PESADA, SRA. TAKEI...

GRIP
NUNCA PERMITIÓ QUE *NADIE* LE LLEVARA ESA BOLSA...

...NI PAPÁ NI MUCHO MENOS ESTE JOVEN QUE QUISO AYUDAR.

¡HACE MUCHO CALOR!

UNIDAD F
AQUÍ ESTAMOS.

FUAAA
NUNCA PODRÉ OLVIDAR EL CALOR QUE SALIÓ DE ESA CABINA CUANDO PAPÁ ABRIÓ LA PUERTA.

SE SINTIÓ COMO UN HORNO.

UH... GRACIAS POR LA AYUDA, AMIGOS.

HACE DEMASIADO CALOR ADENTRO.
ESPÉRENSE AQUÍ MIENTRAS ABRO LAS VENTANAS.

CLACK

ahh

DEJEMOS QUE CORRA AIRE FRESCO UN RATO AHÍ, Y LUEGO ENTRAREMOS.

INCLUSO DESPUÉS DE ESPERAR...
...CUANDO POR FIN ENTRAMOS, EL AIRE AÚN ERA PESADO E HIRVIENTE.
NO LO TOQUES. ¡PODRÍA ESTAR AÚN CALIENTE!
¿DÓNDE DORMIMOS?

ESTÁN REPARTIENDO CAMILLAS PLEGABLES AL OTRO LADO DEL BLOQUE.
BUSCARÉ GENTE PARA AYUDARME A TRAERLAS AQUÍ.
BUUUAAA, HACE MUCHO CALOR AQUÍ.
GRACIAS POR TU AYUDA.
ENCANTADO. CUANDO QUIERAS.
ESCUCHAMOS POR PARED.
NO TENER PRIVACIDAD.

SHIKATA GA NAI.*
PUES... ASÍ ES COMO SERÁ.
*NO SE PUEDE EVITAR.
¿QUÉ CREES QUE ES?
¡HA GUARDADO LA SORPRESA MÁS GRANDE PARA EL FINAL!
¿HAS TRAÍDO ESO?

NO QUERER DEJAR ATRÁS.

Y NIÑOS NECESITAR ROPA NUEVA.

....

SABÍAS QUE ESTABA PROHIBIDO.

SÍ. PERO NIÑOS NECESITAR ROPA NUEVA.

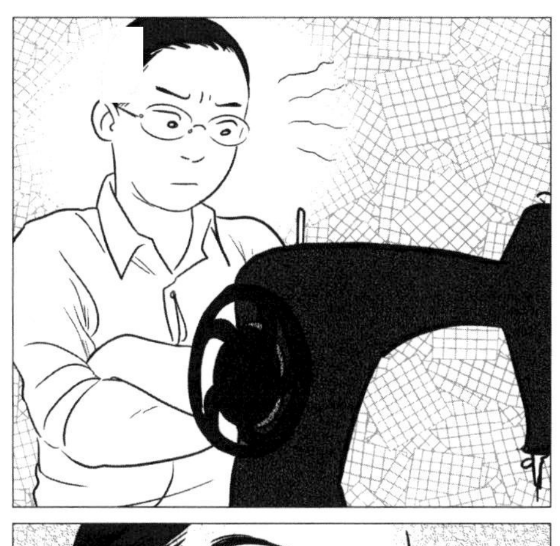

JO
JO!
?

JA
JA
JA
Y SABÍAS QUE ESTABA PROHIBIDO.
JI
JI
JI

NO ENTENDÍA QUÉ ERA TAN GRACIOSO.
PERO SÍ RECUERDO QUE PARA NOSOTROS, LOS NIÑOS...
JI
JI
JI
...ESA MÁQUINA DE COSER ERA UNA DESILUSIÓN ENORME Y ABRUMADORA.

ESTABLECER NUESTRA VIDA NUEVA EN ROHWER FUE DE REPENTE LA PRIORIDAD NÚMERO UNO.

MAMÁ EMPRENDIÓ LA IMPOSIBLE TAREA DE CONVERTIR ESA HABITACIÓN AUSTERA EN UN HOGAR.

TRATRAT
TRAT

CONSTRUYÓ CORTINAS UTILIZANDO TELAS EXCEDENTES DEL GOBIERNO.

DE JIRONES DESHECHOS, TRENZÓ ALFOMBRAS COLORIDAS.

LO ÚNICO QUE MAMÁ NO TUVO QUE HACER ERA COCINAR.

DURANTE NUESTRO VIAJE HACIA ROHWER, PAPÁ PARECÍA ATORMENTADO POR UNA ANGUSTIA PERSONAL.

PERO, UNA VEZ EN EL CAMPAMENTO, SE DEDICÓ A FORMAR PARTE DE LA COMUNIDAD.

¿TE PARECE SUFICIENTE?

POR HOY. HAY MUCHO QUE HACER.

DESDE EL PRINCIPIO, PAPÁ AYUDÓ A LAS OTRAS FAMILIAS A ASENTARSE...
NOS AYUDAREMOS ASÍ...

ESOS PUEDEN IR AHÍ.
...OFRECIÉNDOSE COMO VOLUNTARIO PARA CUALQUIER BRIGADA QUE NECESITARA A ALGUIEN.

LLEGÓ A CONOCER LAS HISTORIAS DE LAS PERSONAS EN BLOQUE 6.

ESTABA LA SRA. TAKAHASHI, CON SUS CUATRO HIJOS.

¡TE QUIERO!
SU MARIDO FUE DETENIDO POR SER MINISTRO BUDISTA.

TAMBIÉN CONOCIMOS A LA FAMILIA YASUDA.

EL SR. YASUDA FUE DETENIDO POR LOS *AGENTES FEDERALES*...
HOLLYWOOD NIHONGO GAKUIN
ホリウッド
日本語学院

PERO NO HE COMETIDO NINGÚN CRIMEN.
SOLO ESTOY AQUÍ PARA EDUCAR A ESTOS ALUMNOS.
...POR SER MAESTRO DE JAPONÉS.

LAS SRAS. TAKAHASHI Y YASUDA...
...FUERON AMBAS SEPARADAS DE SUS MARIDOS SIN NINGÚN CARGO FORMAL.

LOS ÚNICOS CRÍMENES DE SUS MARIDOS FUERON OCUPAR POSICIONES MUY VISIBLES...
...DENTRO DE LA COMUNIDAD JAPONESA AMERICANA.

HABÍA GENTE DE MUCHAS COMUNIDADES DISTINTAS DE TODA CALIFORNIA...
...Y HASTA ALGUNOS DE HAWÁI.
HABÍA ***ISSEI*** (1ª. GENERACIÓN), QUE HABÍAN LLEGADO A LOS ESTADOS UNIDOS DESDE JAPÓN...
...***NISEI*** (2ª. GENERACIÓN), NACIDOS EN ESTE PAÍS...
...E INCLUSO ***SANSEI*** (3ª. GENERACIÓN), HIJOS DE ***NISEI***.

HABÍA PESCADORES Y GRANJEROS, COMERCIANTES Y PROFESIONALES.
ÉRAMOS TAN DIVERSOS. TODOS TAN DIFERENTES.
Y AÚN ASÍ, ÉRAMOS TODOS ***LO MISMO***.
ÉRAMOS TODOS JAPONESES AMERICANOS Y TODOS ESTÁBAMOS EN EL BLOQUE 6 DEL CAMPO ROHWER.
ESE ERA NUESTRO DENOMINADOR COMÚN.
PAPÁ SENTÍA PROFUNDAMENTE QUE DEBÍAMOS ESTABLECER UNA COMUNIDAD JUNTOS.

LAS TIERRAS DEL CAMPAMENTO ERAN ANTES UN PANTANO...
FAWOOOOOSH
...Y CUANDO LLEGARON LAS LLUVIAS, LLEGARON CON FUERZA.

NECESITO UTILIZAR EL BAÑO...
...¡PERO NO QUIERO SALIR!

NO SÉ DE QUIÉN FUE LA IDEA...
...PERO, EN BREVE, TODOS LOS HOMBRES ESTABAN EN LA CALLE...
SWACK

PROCURA QUE ESA PIEZA QUEDE BIEN FIRME – VA A HABER MUCHO TRÁFICO DE CAMINO AL COMEDOR.
...CLAVANDO RESTOS DE MADERA EN UN PASEO ENTABLADO.

NO ERA NINGUNA OBRA DE ARTE...

...PERO SÍ UNA GRAN AYUDA PARA NAVEGAR ESOS CAMINOS INUNDADOS.

¡ESTO ES INACEPTABLE!
PERO LOS PROBLEMAS Y LAS QUEJAS ERAN INEVITABLES...

¡NECESITAMOS MÁS PRIVACIDAD!
¡ALGUIEN TIENE QUE HABLAR CON LOS GUARDIAS!
...Y COMENZARON A SURGIR DE MANERA INMEDIATA.

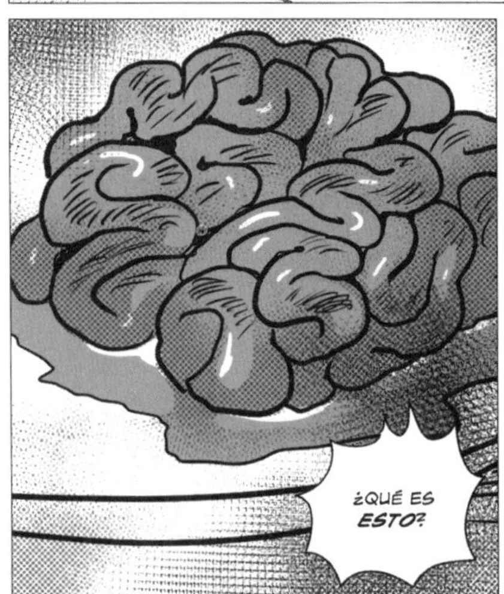
¿QUÉ ES *ESTO*?

¡YO *NO* PUEDO COMER ESTO!

HABÍA UNA CLARA NECESIDAD DE QUE ALGUIEN HICIESE DE REPRESENTANTE DE NUESTRA COMUNIDAD.

AUNQUE NO PENSABA EN SÍ MISMO COMO UN LÍDER...
...PAPÁ SABÍA QUE ESTABA ALTAMENTE CUALIFICADO PARA HACERLO.
ENHORABUENA. ESTAMOS SEGUROS DE QUE REPRESENTARÁS BIEN A NUESTRO BLOQUE.
GRACIAS.
PAPÁ HABLABA TANTO INGLÉS COMO JAPONÉS CON FLUIDEZ.
ASÍ QUE PODÍA HABLAR DIRECTAMENTE CON AMBOS LADOS.
CON TREINTA NUEVE AÑOS, PAPÁ SIRVIÓ COMO PUENTE...
...ENTRE LOS RESPETADOS ANCIANOS DE LA COMUNIDAD Y LOS JÓVENES *NISEI* NACIDOS EN EE. UU.
SR. TAKEI, HAY MUCHO QUE DISCUTIR...
MÁS QUE NADA, SENTÍA PROFUNDAMENTE LAS NECESIDADES DE LOS QUE LE RODEABAN.
POR FAVOR, UNO POR UNO.
SU EXPERIENCIA LE BRINDABA CREDIBILIDAD...
...PERO AÚN ERA LO SUFICIENTEMENTE JOVEN PARA TENER EMPATÍA CON LOS ADOLESCENTES Y TREINTAÑEROS.
ACEPTÓ CON GUSTO LA RESPONSABILIDAD DE SERVIR COMO ***REPRESENTANTE DEL BLOQUE***.

PARA AYUDARLE CON EL VOLUMEN DE TRABAJO, PAPÁ SOLICITÓ LA AYUDA DE UNA SECRETARIA.
ESPERO QUE EL ASUNTO SE RESUELVA.
ESTABA IMPLICADO EN TODO TIPO DE BUROCRACIA –
FORMULARIOS DEL GOBIERNO, REUNIONES, Y OTROS ASUNTOS URGENTES.
trac
trac
trac
¡cling!

YO NO LO ENTENDÍA.
PERO ME ASOMBRABA ESA CHICA GOLPETEANDO LA MÁQUINA CON SUS DEDOS A UNA VELOCIDAD ASOMBROSA.
tap
tap
trac
trac
trac

?
tap TRAC
tap tap

tap
tap
tap
¡GEORGE, PEQUEÑO KOZOH!*
Je
Je
Je
¡GEORGE! DEJA DE MOLESTAR A FLORENCE Y SAL A JUGAR FUERA CON HENRY.
*PÍCARO

MIENTRAS MAMÁ Y PAPÁ ESTABLECÍAN NUESTRA NUEVA VIDA EN EL CAMPAMENTO...

...HENRY Y YO TENÍAMOS UN MUNDO NUEVO QUE EXPLORAR.
¿PUEDES ATRAPAR UNA ?
QUIZÁS.

¡LA ATRAPÉ!

¡GUAU!

¡BANG BANG! ¡ESTÁS *MUERTO*!

¡MUERAN, COBARDES JAPONESES!
¡BANG BANG BANG!
¡ME DISPARARON! ¡ME MUERO!
¡OTRA VEZ TE PILLÉ! ¡AMÉRICA GANA LA GUERRA!
JUGAMOS DE NUEVO, PERO ESTA VEZ YO SOY EL AMERICANO.
LOS CHICOS MAYORES JUGABAN A LA "GUERRA".
¡NO-OH! *TÚ* SERÁS JAPONÉS. *YO* AMERICANO.
¡NO ES JUSTO! ¡*SIEMPRE* TE TOCA SER AMERICANO!
ERA COMO VAQUEROS E INDIOS, PERO CON JAPONESES Y AMERICANOS.
¡DE ACUERDO! YO SERÉ JAPONÉS ESTA VEZ.
bzzzzzz

¡TE ATRAPÉ!
¡TÚ PUEDES, GEORGE!
CASI LO LOGRAS.
UN DÍA, SE NOS ACERCARON DOS HERMANOS AL LADO DE LA CERCA.
EL MAYOR, DE UNOS TRECE AÑOS, SE LLAMABA **FORD.**
OYE, NIÑO, ¿QUIERES APRENDER UNA PALABRA MÁGICA?
¡OH!
SU HERMANO MAYOR ERA **CHEVY.**
¿**QUÉ TIPO** DE MAGIA?
CON ELLA, PUEDES **CONTROLAR** A LOS GUARDIAS DE LA TORRE.

¿CONTROLAR A LOS SOLDADOS CON RIFLES? ¡¿DE VERDAD?!

CON ESTA PALABRA MÁGICA, PUEDES HACER QUE LOS SOLDADOS HAGAN *CUALQUIER COSA QUE DESEES.*

Je
Je
¿CUÁL ES *LA PALABRA MÁGICA*?
Je
Je

PRIMERO TIENES QUE GRITARLES EL NOMBRE DE TODOS LOS DULCES QUE QUIERES.

LUEGO DICES LA PALABRA MÁGICA EN VOZ *MUY ALTA.*

ENTONCES COMENZÓ A PRONUNCIAR LAS PALABRAS DE MANERA LENTA Y DELIBERADA.

¿SAKANA?*
¿SAKANA BEACH?
¿QUÉ ES TAN MÁGICO DE SAKANA BEACH?
*PESCADO
ACUÉRDATE, TIENES QUE DECIRLO *BIEN*.
BUENO, Y ¿CÓMO TENGO QUE DECIR SAKANA BEACH?
TIENES QUE DECIRLO *MUY RÁPIDO* Y TIENES QUE DECIRLO *MUY ALTO*.
ES *MUY* IMPORTANTE DECIRLO RÁPIDO.
JE JE-PFF JI JI JE JE
OKAY, PRIMERO GRITO A LAS GUARDIAS TODO LO QUE DESEO Y LUEGO LES DIGO *SAKANA BEACH* MUY RÁPIDO, ¿VERDAD?
¡PIDE CHICLE!
QUÉDATE AQUÍ.

Je Je Je Je
Je Je
ACUÉRDATE, SI NO LO PRONUNCIES CORRECTAMENTE, PODRÍAN ENFADARSE, ¡O INCLUSO COMENZAR A DISPARAR!

ASÍ QUE, SI NO LO PRONUNCIAS BIEN, ¡DEBES CORRER COMO LOCO!
PERO YA ERA DEMASIADO TARDE...

...YA ESTABA EN CAMINO.
Y YO NO ERA COBARDE.

¡CHICLE!

¡PALETA!

¡TRICICLO!
?

HUMPF-

¡SAKANA BEACH!

!!

¡SAKANA BEACH!
¡DESGRACIADO!

dok!
¡SAKANA BEACH!

¡ERES UN PENDEJO!
cloc!
ME IMAGINO QUE NO LO PRONUNCIÉ CORRECTAMENTE.

¡¡HENRY!! ¡AGARRA MI MANO!

Ja Ja!
HUIMOS A CASA CORRIENDO.

¿QUÉ HAY
DE MÁGICO
DE SAKANA
BEACH?

SAKANA
SIGNIFICA
PESCADO.
Y BEACH
SIGNIFICA
KAIGAN.
MAGIA NO.
SOLO INGLÉS Y
JAPONÉS; TODO
MEZCLADO.

¿SAKANA
BEACH?
¿MAGIA?

ESA NOCHE PREGUNTAMOS A PAPÁ SI NOS
PODÍA AYUDAR A RESOLVER EL ENIGMA.
...ASÍ QUE GRITÉ
CHICLE, Y PALETA,
Y LUEGO SAKANA
BEACH...

SAKANA
BEACH.

SAKANA
BEACH.

SAKANA
BEACH.

HUM.
PFFF.
JIJIJI.

?

SAKANA BEACH SUENA COMO PALABROTAS EN INGLÉS.
PALABRAS QUE UN NIÑO BUENO COMO TÚ NUNCA DEBE UTILIZAR.

FORD Y CHEVY NAKAYAMA SON NIÑOS MALOS POR ENSEÑARLES ESAS PALABRAS.
MANTÉNGANSE ALEJADOS DE ELLOS, TÚ Y HENRY.
HITO WA HITO. UCHI WA UCHI.*
*OTRA GENTE SON OTRA GENTE. NUESTRO HOGAR ES NUESTRO HOGAR.

SÍ, PAPÁ.
BIEN. NO ME CAÍAN BIEN ESOS HERMANOS LOCOS.
NO FUE HASTA MUCHO MÁS TARDE QUE ENTENDÍ EL MISTERIO DE SAKANA BEACH...
...COMO SUENA COMO SON OF A BITCH ("HIJO DE PUTA") SEGÚN CÓMO SE PRONUNCIE.

¿QUÉ LES PARECE UNA EXCURSIÓN ESPECIAL EN FAMILIA?

!
¿A DÓNDE?

VAMOS A SALIR DEL CAMPAMENTO.
HE ARREGLADO QUE NOS PRESTEN UN JEEP.

¡¿UN JEEP?! ¡¿FUERA DE LA VALLA?!
¿VAMOS A IR AHORA? ¡¡¡!!!!

MAÑANA POR LA TARDE.

WHIRRRRR

PASÓ UNA *ETERNIDAD* HASTA QUE "MAÑANA POR LA TARDE" POR FIN LLEGÓ.
WHIRRRRR

SE LO CONTÉ A TODOS LOS CHICOS QUE CONOCÍAMOS.

TODOS DIJERON QUE TENÍAMOS SUERTE...
!!
RRRR

BEEP
BEEP

...PERO YO SABÍA QUE ERA PORQUE PAPÁ ERA EL REPRESENTANTE DEL BLOQUE.

¡MAMÁ!
¡MAMÁ!
¡PAPÁ HA
LLEGADO!

WHIRRRR

¡VAMOS, MAMÁ!
¡RÁPIDO!

BEEP
BEEP
¡MAMÁ!
¡APÚRENSE O
NOS MARCHAMOS
SIN USTEDES !

CHNNNGG

GRRNNN

0
10
20
30
40
50
60

¡VAYA!

KRRRRKKK

splish

IIIIIII
chk

¡GALLINAS! ¡HENRY, MIRA!

OINK
OINK
OINK

OINK
OINK
OINK

¿Q-QU-QUÉ ES?
RRRRR
¿UNO DE LOS DI-DINOSAURIOS QUE NOS DIJO PAUL?
¿UN DINOSAURIO? JEJE.
ESTO AQUÍ ES UN CERDO, NIÑOS. NO LES VA HACER DAÑO.
NO DEJEN QUE SU TAMAÑO LOS ASUSTE.

EL SPAM QUE SIRVEN EN EL COMEDOR VIENE DE ESTE TIPO DE ANIMAL.

COMAN TODO EL SPAM QUE LES DEN, NIÑOS, PARA QUE CREZCAN GRANDES Y FUERTES. ¡Y QUE LES SALGA EL VELLO EN EL PECHO, JE!
CONOCER A ESTE "DINOSAURIO DE ARKANSAS" FUE TODA UNA SORPRESA.

BRUUUUM

TAMBIÉN ESTABA CANSADO, PERO QUERÍA MANTENERME DESPIERTO DURANTE TODO EL VIAJE.
LOS RECUERDOS DE LA INFANCIA SON RICOS EN SENSACIONES...

...OLORES, SONIDOS, COLORES, Y ESPECIALMENTE TEMPERATURAS.
ESA TARDE DORADA CUANDO PAPÁ NOS LLEVÓ A LA FAMILIA EN ESE MARAVILLOSO PASEO EN EL *JEEP*...

...ES UN RECUERDO ENTRAÑABLE QUE BRILLA CON *CALIDEZ*.

LLEGÓ EL INVIERNO Y
CON ÉL LAS NEVADAS.

NO HAY PALABRAS PARA DESCRIBIR LA IDEA DE LA
NIEVE – NI LA DE EXPERIMENTARLA POR PRIMERA VEZ.

SE SENTÍA COMO
PURA *MAGIA*.

ABRÍGATE.

¡OYE!
tak
tak

Ji Ji Ji
JA
JA JA

tak

Y ASÍ CONSEGUIMOS UNA BOLA DE NIEVE ENORME.
A PESAR DEL FRÍO DE LA ESTACIÓN, TENGO RECUERDOS CÁLIDOS.

NUESTRA PRIMERA NAVIDAD EN EL CAMPAMENTO LLEGÓ POCO DESPUÉS DE LA PRIMERA NEVADA.
CORRÍA EL RUMOR ENTRE LOS NIÑOS DE QUE SANTA CLAUS IBA A VISITARNOS, PERO NO ESTABA CLARO CUÁNDO EXACTAMENTE.
Merry Christmas
PAPÁ LO SABRÍA. PAPÁ SABÍA TODO.
...O PARA LA CENA DE NOCHEBUENA O LA MAÑANA DE NAVIDAD MISMO, DEPENDE DE CUÁN RÁPIDO PUEDA EMPRENDER EL VIAJE.
¿NO PUEDEN LLEGAR SUS RENOS Y EL TRINEO MÁS RÁPIDO?

SANTA QUIERE VISITAR A TODOS LOS NIÑOS EN LOS TREINTA Y TRES BLOQUES.
PERO NO TE PREOCUPES, LLEGARÁ.

QUIERE PASAR TIEMPO CON CADA NIÑO Y NIÑA.

HUELE MARAVILLOSO.
LA CENA DE NOCHEBUENA ERA UN MENÚ ESPECIAL.

POLLO ASADO, CAMOTE, ARROZ Y TARTA DE CHOCOLATE.

COMÍ MÁS RÁPIDO QUE NUNCA.
SCRUM
ÑAM
PENSÉ QUE CUANTO ANTES TERMINÁRAMOS DE CENAR, ANTES LLEGARÍA SANTA CLAUS.

NUESTRAS TRIPAS ESTABAN LLENAS...
May your dayyys

...PERO AÚN NO HABÍA NI RASTRO DE SAN NICOLÁS.
be merry and briiiight

and may allllll

your Christmases
CLING
CLING
be whiiiiite

CASI HABÍA PERDIDO LA ESPERANZA CUANDO DE REPENTE...
CLING
CLING
CLING
CLING
¡ES *ÉL*!
BAM

JO JO JO
CLING
CLING

¿CÓMO TE LLAMAS, PEQUEÑO?

¡GEORGE!

¿Y TE HAS PORTADO BIEN ESTE AÑO?

¡SÍ!

A PESAR DE TODOS SUS "JO JO JO" HABÍA ALGO RARO EN ESTE SANTA CLAUS...

MIS SOSPECHAS ERAN CORRECTAS.

CRINKLE

¡ESTE NO ERA EL SANTA CLAUS ***DE VERDAD***!

SI LA BARRIGA FALSA NO ERA SUFICIENTE PARA ROMPER LA ILUSIÓN, HABÍA OTRA SEÑAL REVELADORA...

¡ESTE "SANTA" ERA ***JAPONÉS***!

MAMÁ ME HABÍA LLEVADO A CONOCER AL SANTA *DE VERDAD* EL AÑO PASADO.

ME SENTÉ EN SU REGAZO Y LE CONTÉ LO QUE QUERÍA PARA NAVIDAD.

GRACIAS, *SANTA*.
PERO DECIDÍ NO DELATAR A ESTE SANTA.

¡YUPI, SANTA!
HENRY Y REIKO CREÍAN EN ESTE SANTA, Y NO QUISE ARRUINAR SU NAVIDAD.

EL SANTA *DE VERDAD* PROBABLEMENTE NO PODÍA LLEGAR POR EL ALAMBRADO DE PÚAS, PENSÉ.
PERO COMO ESTE SANTA *FALSO* CONSIGUIÓ ALEGRAR UN POCO MÁS LA NAVIDAD DE TODOS...
よかったね!
...NO DIJE NADA SOBRE MI DESCUBRIMIENTO.

ESTOS RECUERDOS ALEGRES PERMANECEN HASTA HOY.

MESS 6
LAMENTABLEMENTE, NO TODOS LOS RECUERDOS SON TAN ALEGRES...

ENERO DE 1943

ESTO ES INDIGNANTE.
¿LEALTAD? ¿AL EMPERADOR?

¿Q-QUÉ SIGNIFICA?

blnk

NO LLORES, MAMÁ.

¡GEORGE!
TODO ESTÁ BIEN. VUELVE A DORMIR.
MAMÁ Y YO ESTÁBAMOS HABLANDO DE COSAS DE ADULTOS.

DESDE EL MOMENTO QUE COMENZÓ LA GUERRA, NUESTRA *LEALTAD* COMO AMERICANOS ESTUVO CONSTANTEMENTE BAJO SOSPECHA.
GENERAL JOHN L. DEWITT: GENERAL COMANDANTE DEL TEATRO DE OPERACIONES OCCIDENTAL
UN *JAPO* ES UN *JAPO*...
DA IGUAL SI TEORÉTICAMENTE ES UN CIUDADANO AMERICANO, SIGUE SIENDO JAPONÉS.

SENADOR TOM STEWART (D-TN)
NO SE INTEGRAN.
NO HAY UN SOLO JAPONÉS EN ESTE PAÍS QUE NO SEA CAPAZ DE DAR PUÑALADAS EN LA ESPALDA.

DABA IGUAL QUE, DURANTE LOS PRIMEROS DÍAS DE LA GUERRA, GRAN CANTIDAD DE JAPONESES AMERICANOS SE ALISTARAN PARA LOS SERVICIOS MILITARES.
OFICINA DE RECLUTAMIENTO DEL EJÉRCITO DE EE. UU.
ALÍSTATE EN EL EJÉRCITO
LA LLAMADA AL DEBER
¡ALISTARSE AHORA!
TU PAÍS TE NECESITA

ALÍSTATE EN EL EJÉRCITO
FUE UN ACTO DE PATRIOTISMO, QUE FUE RESPONDIDO CON UNA BOFETADA EN LA CARA.
SERVICIO NACIONAL
It's up to you!

LA LLAMADA AL DEBER
¡ALISTARSE AHORA!
TU PAÍS TE NECESITA
SE LES NEGÓ EL SERVICIO MILITAR Y FUERON CATEGORIZADOS COMO ***4-C: EXTRANJEROS ENEMIGOS***.

LOS QUE YA SIRVIERON EN LA FUERZA MILITAR ANTES DE PEARL HARBOR...
...TUVIERON QUE ENTREGAR SUS ARMAS.
NO SE PUEDE CONFIAR EN USTEDES, *JAPOS* - NO SE SABE DE QUÉ LADO ESTÁN.
LA MAYORÍA DE ESTOS JÓVENES JAMÁS HABÍA PISADO JAPÓN Y SE SENTÍAN COMPLETAMENTE AMERICANOS.
QUE SU GOBIERNO SUPUSIERA QUE TENÍAN LEALTAD RACIAL AL EMPERADOR FUE TANTO *INSULTANTE* COMO *EXASPERANTE*.

PERO LA GUERRA TUVO UN COSTE ALTO.

AMÉRICA NECESITABA SOLDADOS.

3 DE FEBRERO DE 1943
A NINGÚN CIUDADANO LEAL A LOS ESTADOS UNIDOS SE LE PUEDE NEGAR EL DERECHO DEMOCRÁTICO DEL EJERCICIO DE LAS RESPONSABILIDADES DE SU CIUDADANÍA...

...SIN IMPORTAR SU ASCENDENCIA.

ESTO REPRESENTABA UN CAMBIO EN LA POLÍTICA.
¡¿SR. PRESIDENTE?!
LOS JAPONESES AMERICANOS AHORA PODRÍAN SER ADMITIDOS EN LAS FUERZAS MILITARES – SI ERAN "CIUDADANOS LEALES".

PERO DOS PREGUNTAS EN PARTICULAR FUERON INFAMES.

27. ¿Está dispuesto a servir en las Fuerzas Armadas de los Estados Unidos en servicio de combate cuando se le ordene hacerlo?

28. ¿Jurarás lealtad incondicional a los Estados Unidos de América y fielmente defenderás a los Estados Unidos de cualquier ataque de fuerzas extranjeras o domésticas, y renunciarás a cualquier forma de lealtad u obediencia al emperador japonés y a cualquier Gobierno, poder u organización extranjera?

ENTONCES ESTÁ DECIDIDO.
LOS DIEZ CAMPAMENTOS EXPLOTARON EN INDIGNACIÓN SOBRE ESTOS CUESTIONARIOS DE LEALTAD.

No
No
MIS PADRES CONTESTARON "NO" A AMBAS PREGUNTAS, 27 Y 28.

ESTO LES SUPUSO GANAR LA ETIQUETA DE SER "NO-NOS".

LA PREGUNTA 27 QUERÍA QUE COMPROMETIÉRAMOS NUESTRAS VIDAS POR UN PAÍS QUE HABÍA DESTRUIDO A NUESTRAS FAMILIAS Y NOS HABÍA PUESTO DETRÁS DE ALAMBRES CON PÚAS.

LA PREGUNTA 28 SE BASABA EN UNA PREMISA FALSA: QUE TODOS DEBÍAMOS *LEALTAD* RACIAL AL EMPERADOR DE JAPÓN.
CONTESTAR "SÍ" IMPLICABA QUE SENTÍAMOS ESTA LEALTAD Y RENUNCIÁBAMOS A ELLA. SÍ O NO, *CUALQUIER* RESPUESTA SERÍA UTILIZADA PARA JUSTIFICAR NUESTRO ENCARCELAMIENTO INJUSTO – COMO SI HUBIERAN TENIDO LA RAZÓN AL LLAMARNOS "EXTRANJEROS ENEMIGOS" Y ENCARCELARNOS EN PRIMER LUGAR.

MI PADRE SE CRIÓ EN AMÉRICA, PERO NACIÓ EN JAPÓN.
COMO TODOS LOS INMIGRANTES ASIÁTICOS, SE LE PROHIBIÓ SOLICITAR LA CIUDADANÍA EN EE. UU..
LA PREGUNTA 27 LE PEDÍA SERVIR EN COMBATE A UN PAÍS QUE LE HABÍA RECHAZADO Y LUEGO ENCARCELADO POR SUS ORÍGENES.
TENÍA 40 AÑOS, UNA MUJER Y TRES HIJOS PEQUEÑOS.
LA PREGUNTA 28 LE PEDÍA DESPRECIAR TODA SU HERENCIA JAPONESA – FAMILIARES, MEMORIAS, EL LUGAR DE SU NACIMIENTO – POR UN PAÍS QUE NO QUISO ACEPTARLE.
CONTESTAR "SÍ" LE CONVERTIRÍA EN UN SIN ESTADO.
PARA MI MADRE, LA PREGUNTA 27 ERA ABSURDA. PERO LA PREGUNTA 28 LE PROVOCÓ GRAN FRUSTRACIÓN. 
ELLA ERA UNA CIUDADANA NACIDA EN EE. UU. Y SUS HIJOS ERAN AMERICANOS.
ESTABA CASADA CON UN HOMBRE QUE SU PAÍS RECHAZÓ Y TILDÓ DE EXTRANJERO ENEMIGO.
SU PAÍS LE QUITÓ TODO LO QUE SU FAMILIA TENÍA.
LOS ENCARCELÓ EN ESTE PANTANO CALUROSO DE ARKANSAS.
AHORA ESPERABAN QUE PUSIERA A SU FAMILIA EN SEGUNDO LUGAR POR UNA NACIÓN QUE LOS HABÍA RECHAZADO.

POR OTRO LADO, ALGUNOS JÓVENES ***NISEI*** DECIDIERON "SÍ-SÍ."
PARA ELLOS LAS PREGUNTAS TAMBIÉN ERAN ATROCES, PERO DECIDIERON HACER DE TRIPAS CORAZÓN Y TRAGAR CON ELLO.
ASÍ TENDRÍAN UNA OPORTUNIDAD DE LUCHAR EN DEFENSA DE AMÉRICA, SU PAÍS DE NACIMIENTO...
...Y DEMOSTRAR SU PATRIOTISMO, LO CUAL NO ERA REQUERIDO A NINGÚN OTRO AMERICANO.
CAMPO SHELBY, MISSISSIPPI
PRONTO, EN 1943, ***EL EQUIPO DE COMBATE NÚMERO 442*** FUE CREADO COMO UNA UNIDAD ESPECIAL COMPUESTO SOLO DE *NISEI*...
...MILES DE VOLUNTARIOS DE HAWÁI Y DE LOS CAMPOS DE INTERNAMIENTO EN EL CONTINENTE.

ESTE DE FRANCIA

EL 1ER. BATALLÓN, REGIMIENTO 141 DE LA DIVISIÓN TEJANA 36...

...FUE RODEADO Y PRIVADO DE SUMINISTROS MIENTRAS PATRULLABAN ***LAS MONTAÑAS VOSGES.***

DOS MISIONES ANTERIORES PARA RESCATAR ESTE "***BATALLÓN PERDIDO***" HABÍAN FRACASADO.

26 DE OCTUBRE DE 1944

MANDARON A LOS SOLDADOS SEGREGADOS DEL 442...

...PARA ROMPER LAS LÍNEAS DEL EJÉRCITO ALEMÁN.

TRAS CINCO DÍAS DE COMBATES INTENSOS...
¡brapp
brappppppppp
brap

...EL 442 FUE CAPAZ DE PENETRAR Y RESCATAR A *211 HOMBRES.*

EL 442 SUFRIÓ MÁS DE OCHOCIENTAS BAJAS.

CUARENTA Y DOS FUERON MANDADOS A BAVARIA COMO PRISIONEROS, DONDE PERMANECIERON HASTA QUE SE LIBERÓ EL CAMPO DE PRISIONEROS DE GUERRA EN ABRIL DE 1945.
¿HAS VISTO A *TANAKA* O *OKAMOTO*?

POR SU DESEO DE SERVIR SU PAÍS Y DEMOSTRAR SU LEALTAD...
...ESTOS HOMBRES HICIERON ENORMES *SACRIFICIOS.*

CUANDO VOLVIÓ EL 442 DESPUÉS DE LA GUERRA, FUE LA UNIDAD DE SU TAMAÑO MÁS CONDECORADA.

EL ***PRESIDENTE TRUMAN*** HONRÓ A DOCENAS DE SUS MIEMBROS CON LA ***CRUZ AL SERVICIO DISTINGUIDO...***
LUCHARON NO SOLO CONTRA EL ENEMIGO, SINO CONTRA LOS PREJUICIOS – Y GANARON.
15 DE JULIO DE 1946

...EL ***SEGUNDO HONOR MÁS ALTO*** QUE SE PUEDE CONCEDER.
FOR VALOR

MUCHOS AÑOS DESPUÉS, EL GOBIERNO RECONOCIÓ SU INCREÍBLE HEROÍSMO AÑADIENDO UNA ***MEDALLA DE HONOR DEL CONGRESO.***
AMÉRICA LES DEBE UNA DEUDA ***IMPAGABLE...***
21 DE JULIO DE 2000

EL ***PRESIDENTE CLINTON*** ME HABÍA DESIGNADO EN LA COMISIÓN DE AMISTAD JAPÓN-EE. UU., Y FUI INVITADO A LA CEREMONIA...
...PARA SER TESTIGO DE QUE LOS MIEMBROS SOBREVIVIENTES RECIBÍAN POR FIN LA CONDECORACIÓN MÁS ALTA DE LAS FUERZAS MILITARES DE NUESTRA NACIÓN.

EL SOLDADO MÁS FAMOSO QUE FUE HONRADO ESE DÍA FUE EL ***SENADOR DANIEL K. INOUYE.***

UN VETERANO DEL BATALLÓN 442 Y SENADOR POR MUCHOS AÑOS DEL ESTADO DE HAWÁI...

...PERDIÓ SU BRAZO DERECHO EN EL CAMPO DE BATALLA EN ITALIA.

AÑOS DESPUÉS, HABÍA TRABAJADO A MI LADO EN LA FUNDACIÓN DEL ***MUSEO NACIONAL JAPONÉS AMERICANO.***

EN 1996, SU COMPAÑERO EN EL SENADO, ***DANIEL AKAKA***, PATROCINÓ UN PROYECTO DE LEY QUE ORDENABA AL EJÉRCITO Y A LAS FUERZAS NAVALES ***REVISAR*** LAS CRUCES OTORGADAS A LOS AMERICANOS ASIÁTICOS Y A LOS ISLEÑOS DEL PACÍFICO...

...PARA ESTABLECER SI A ALGUNO LE HABÍA SIDO DENEGADO INJUSTAMENTE SU RECONOCIMIENTO Y SU MERECIDA ***MEDALLA DE HONOR.***

MUCHOS OTROS JÓVENES TOMARON OTRA POSTURA SOBRE EL ASUNTO.
ESTOY DISPUESTO A LUCHAR, PERO SOLO LUCHARÉ COMO **AMERICANO.**
SI PUEDO ALISTARME EN EL TABLERO DE RECLUTAMIENTO DE MI CIUDAD DE RESIDENCIA, COMO CUALQUIER AMERICANO, CON MI FAMILIA LIBRE, ME IRÉ ENCANTADO.
¡PERO **NO** DEJARÉ A MI FAMILIA ENCERRADA DETRÁS DE UN ALAMBRE DE PÚAS PARA PONERME EL MISMO UNIFORME QUE LOS CENTINELAS DE ESAS TORRES!
EN 1944, DOCENAS DE ESTOS OBJETORES DE CONCIENCIA FUERON TRANSFERIDOS A LA PENITENCIARÍA FEDERAL DE LEAVENWORTH EN KANSAS.
ESTOY ORGULLOSO DE ELLOS, Y LOS CONSIDERO TAN HEROICOS COMO LOS QUE LUCHARON EN CAMPOS DE BATALLA EXTRANJEROS.

AUNQUE RESPONDIERON DE MANERA DISTINTA –
CUIDANDO A SUS FAMILIAS...
...LUCHANDO EN LOS CAMPOS DE BATALLA...
...O SUFRIENDO CONDENAS POR SUS PRINCIPIOS –
TODOS ESTOS JAPONESES AMERICANOS MOSTRARON UN CORAJE Y HEROÍSMO INCREÍBLES.
PROBARON QUE SER AMERICANO NO ES SOLO PARA *ALGUNA* GENTE.
TOMARON DECISIONES DIFÍCILES PARA DEMOSTRAR SU PATRIOTISMO HACIA ESTE PAÍS, INCLUSO CUANDO FUERON RECHAZADOS.

¡AY! NO CABE.

LLEVAREMOS LO QUE PODAMOS.

EL 9 DE MAYO DE 1944, UN AÑO Y SIETE MESES DESPUÉS DE LLEGAR A ROHWER, NOS ESTABAN REUBICANDO DE NUEVO...
ESE TREN LLEGARÁ AL *LAGO TULE* EN UNOS CINCO DÍAS.

...ESTA VEZ POR LAS RESPUESTAS DE MIS PADRES A ESAS PREGUNTAS FATÍDICAS.
MAMÁ, ¿POR QUÉ ESTÁ TODO EL MUNDO TAN TRISTE?

A GENTE SE DESPIDE. PUEDE QUE NUNCA VUELVAN A VERSE JAMÁS.

ME ACUERDO DE MIRAR POR LA VENTANA DEL TREN.
CHUU
CHUUUU

VI LOS ROSTROS TRISTES DE GENTE QUE SE HABÍA CONVERTIDO EN AMIGOS.

ESOS BARRACONES NEGROS SE HABÍAN CONVERTIDO EN MI HOGAR.

LAS MISMAS TORRES DE CENTINELAS QUE ALGUNA VEZ ME *ATERRORIZARON...* HABÍAN LLEGADO A FORMAR PARTE DEL PAISAJE.

BUUUAAA AAAGH
VAMOS, NO LLORE.
MMMPF
MIENTRAS EL TREN SE ALEJABA DE LA PLATAFORMA Y DE LA VIDA A LA QUE NOS HABÍAMOS ACOSTUMBRADO...
...EL MIEDO A LO DESCONOCIDO LLEGÓ A SER *INSOPORTABLE.*

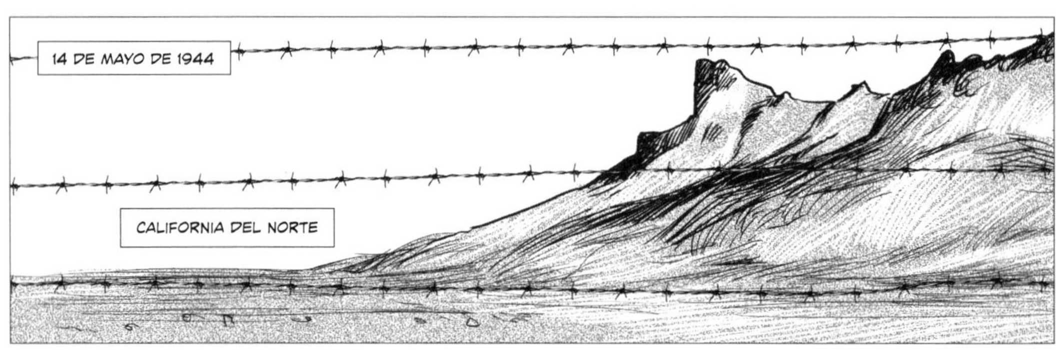

14 DE MAYO DE 1944
CALIFORNIA DEL NORTE

krnch

EL *CAMPAMENTO DE LAGO TULE* ERA MUY DISTINTO A *ROHWER*.
NO HABÍA SOLO *UNA* FILA DE ALAMBRADO DE PÚAS, SINO *TRES*.
DOS, TRES, CUATRO!
¡UN, DOS, TRES, CUATRO!
¡UN, DO
KRNCH
KRACH
KRNCH

EL GOBIERNO LO HABÍA CONVERTIDO EN UN CAMPAMENTO SEGREGADO DE ALTA SEGURIDAD PARA *DESLEALES*...
...VIGILADO POR TROPAS LISTAS PARA LA ACCIÓN...
...TORRES CON AMETRALLADORAS...
...E INCLUSO *TANQUES*.

¿POR QUÉ TUVIMOS QUE MUDARNOS AQUÍ?
¡UN, DOS, TRES, CUATRO!
¡UN, DOS, TRES!

PORQUE MAMÁ Y PAPÁ SON ***NO-NOS.***
OH.

"¿QUÉ ES UN NO-NO?"
MESS HALL
COMO NUESTROS PADRES, MUCHOS OTROS HABÍAN RESPONDIDO ***"NO-NO"*** EN EL CUESTIONARIO DE LEALTAD.

UNA MINORÍA SOLICITÓ LA REPATRIACIÓN.
PERO POCOS QUERÍAN SER ENVIADOS A UN JAPÓN DESTROZADO POR LA GUERRA.
ASÍ QUE TERMINAMOS AQUÍ.

TODOS ENCARCELADOS – EN LA IGNOMINIA POR LA HISTERIA DE UN GOBIERNO.
LAGO TULE FUE EL CAMPAMENTO MÁS NOTORIO, EL MÁS CRUEL, Y SIN DUDA EL MÁS GRANDE DE TODOS.

EN SU PUNTO MÁXIMO, ESTE COMPLEJO ***ALTAMENTE MILITARIZADO*** CONTUVO A 18,000 INTERNADOS.
CASI LA MITAD ERAN NIÑOS COMO NOSOTROS.

CLANG!
CLANG!

CLANG!
CLANG!
¡DESAYUNO!

AUNQUE YO PENSABA QUE VIVIR FRENTE AL COMEDOR ERA GENIAL, MAMÁ LO ODIABA.
¿PODEMOS PONERNOS EN LA FILA?
¡TANTO RUIDO! NUNCA TENEMOS PAZ.
PERO TENEMOS DOS HABITACIONES. MEJOR PARA NOSOTROS.
LOS DOS TENÍAN RAZÓN, CLARO.

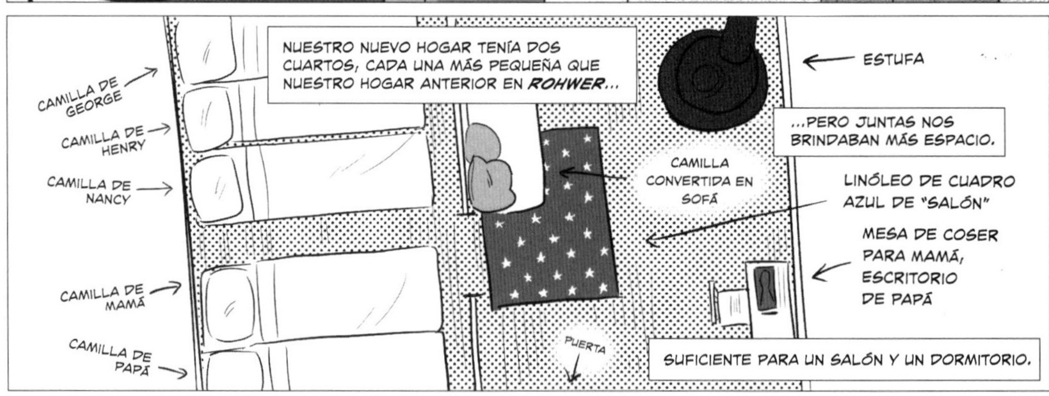
NUESTRO NUEVO HOGAR TENÍA DOS CUARTOS, CADA UNA MÁS PEQUEÑA QUE NUESTRO HOGAR ANTERIOR EN ROHWER...
CAMILLA DE GEORGE
CAMILLA DE HENRY
CAMILLA DE NANCY
CAMILLA DE MAMÁ
CAMILLA DE PAPÁ
ESTUFA
...PERO JUNTAS NOS BRINDABAN MÁS ESPACIO.
CAMILLA CONVERTIDA EN SOFÁ
LINÓLEO DE CUADRO AZUL DE "SALÓN"
MESA DE COSER PARA MAMÁ, ESCRITORIO DE PAPÁ
PUERTA
SUFICIENTE PARA UN SALÓN Y UN DORMITORIO.

UGH. MAL OLOR.

SPLISH!

EL RUIDO MOLESTABA BASTANTE A MAMÁ.
CLANG!
TAMBIÉN SE QUEJABA MUCHO DE LOS OLORES QUE NOS LLEGABAN CADA NOCHE.

BAM
BANG
¿PAPÁ?

TENGO QUE ORINAR.
TU HERMANO PUEDE LLEVARTE.

¡GEORGE!

¡VÁMONOS!
¡AU! ¡NO TIRES TANTO!

NO LLEGAMOS A TIEMPO.
Snnfff

¿*VES*? EL BAÑO ESTÁ DEMASIADO LEJOS AHORA.
PERO HAY COSAS BUENAS.

DESDE ESE MOMENTO, MI MADRE EMPEZÓ A GUARDAR LATAS DE CAFÉ PARA GUARDAR EN EL DORMITORIO.
POR SI ACASO.

¿POR QUÉ NO FUI HECHO DE PIEDRA – COMO USTED?
VIVIENDO TAN CERCA AL COMEDOR, PODÍA ENCONTRAR UNA SILLA EN PRIMERA FILA PARA LAS NOCHES DE CINE.

¡NO SOY UN HOMBRE! ¡NO SOY UNA BESTIA! ¡SOY TAN DEFORME COMO EL HOMBRE SOBRE LA LUNA!
FUE ALLÍ DONDE DESCUBRÍ EL PODER DEL CINE.
ME ACUERDO MUY VÍVIDAMENTE DE CHARLES LAUGHTON EN EL JOROBADO DE NOTRE DAME.
SIMPATICÉ CON ESTE PERSONAJE HAMBRIENTO DE AMOR AL QUE LA GENTE DESPRECIABA.

ESA PELÍCULA FUE UNA EXPERIENCIA TRANSFORMADORA. EL VIEJO PARÍS ME FASCINABA.

¡JA! Y SI UNO CAE DURANTE LA BATALLA, SU ALMA ES HONRADA...
KLAC!
KLAC!
OTRAS NOCHES, LAS PELÍCULAS ERAN EN JAPONÉS, Y A MENUDO SIN AUDIO.

PAPÁ ME EXPLICÓ CÓMO UN *BENSHI* CREÓ LA BANDA SONORA PARA LA PELÍCULA...
TOC!
TAK!

MARIKO-SAN...
MI MONTAÑA RELUCIENTE. DEBES PROMETERME VOLVER...

ME FASCINABA EL *BENSHI* – CÓMO PODÍA HACER TANTAS VOCES.

EN LA ÉPOCA DEL CINE MUDO, ME CONTÓ PAPÁ, LOS *BENSHI* SE CONSIDERABAN ***ARTISTAS***, PARECIDOS A ***ACTORES***.

CREO QUE ESE *BENSHI* ERA UN ARTISTA.
TENÍA MUCHO TALENTO, SÍ.

MANAGER
MUCHAS GRACIAS, SR. TAKEI.
ME ALEGRA PODER AYUDAR.

COMO EN ROHWER, PAPÁ FUE ELEGIDO ***REPRESENTANTE DEL BLOQUE.***
MANAGER

¿HAY NOTICIAS?
tak
tak

NADA AÚN, PERO ÚLTIMAMENTE LLEGA CON RETRASO EL CORREO.
BUENO, HAY BASTANTE PARA OCUPARNOS DE MOMENTO.

GEORGE, VETE A JUGAR CON TU HERMANO.

SÍ, PAPÁ.

MAMÁ, ¿CUÁNDO LLEGARÁ PAPÁ A CASA?
CUANDO TERMINE CON EL TRABAJO.
TAMBIÉN SUPONÍA QUE HUBO MOMENTOS QUE NO PUDO ESTAR CON SU FAMILIA.

WAH SHOI! WAH SHOI! WAH SHOI! WAH

WAH SHOI! WAH SHOI! WAH SHOI!
¿QUÉ?

WAH SHOI! WAH SHOI! WAH
ALGUNOS JÓVENES EN EL CAMPAMENTO SE DESILUSIONARON.
DESPUÉS DE UNA SERIE DE ABUSOS IMPLACABLES...
...SE SENTÍAN TRAICIONADOS POR SU PAÍS.
SI EL GOBIERNO DE LOS EE. UU. IBA A ***TRATARLOS*** COMO EL ENEMIGO...

BANZAI! BANZAI!
...ELLOS IBAN A DEMOSTRAR QUÉ TIPO DE ***ENEMIGO*** PODÍAN ***SER.***
LAGO TULE SE HABÍA ***REBELADO.***

WAH SHOI!
WAH SHOI!
POR LO MENOS ASÍ ES COMO LA JEFATURA DEL CAMPAMENTO NOS VEÍA A TODOS ALLÍ – COMO "JAPOS DESLEALES".
WAH SHOI!

CUALQUIERA QUE HUBIERA CONTESTADO "NO-NO" EN EL CUESTIONARIO DE LEALTAD, POR CUALQUIER RAZÓN –
?
– INCLUSO EN PROTESTA DE PRINCIPIOS, COMO MAMÁ Y PAPÁ –
– DE INMEDIATO FUE METIDO EN LA MISMA CATEGORÍA CON LOS RADICALES DE VERDAD QUE AHORA SE ALINEABAN CON JAPÓN.

HACÍAN REDADAS EN LOS BARRACONES DURANTE LA NOCHE PARA DETENER A SUPUESTOS LÍDERES DE LOS RADICALES.
¡NO HEMOS HECHO NADA!
A MENUDO LOS GUARDIAS SE *EQUIVOCABAN...*
¡¡PA-PÁAA!!
...DETENIENDO A GENTE INOCENTE.

CUALQUIER PERSONA SOSPECHOSA DE SER UN REBELDE TENÍA PROHIBIDO TRABAJAR.
TODOS A CASA. ESTÁN DESPEDIDOS DEL TRABAJO.
¿POR HOY?
HASTA PRÓXIMO AVISO. ¡LARGUENSE!
ESTO TUVO COMO RESULTADO ENTREGAS DE COMIDA Y COMBUSTIBLE MÁS ESPORÁDICAS...
...UN CASTIGO PARA TODOS.

PARA EMPEORAR LAS COSAS, LA GENTE COMENZÓ A TRAICIONAR A SUS COMPAÑEROS INTERNADOS.
¿Y QUÉ TE HACE A TI APTO PARA TRABAJAR?
ME PARECEN UN GRUPO DE INFORMANTES.
¡VAYANSE ANTES DE QUE NOS ACUSEN DE SER RADICALES COMO USTEDES!
¡OBLÍGANOS, INU!

¿CÓMO ME LLAMASTE?
¡SON MÁS QUE UN INU! ¡TODOS USTEDES!
¿PIENSAN QUE PUEDEN LAMER LAS BOTAS DE LOS GUARDIAS Y ROBAR NUESTROS TRABAJOS?

PRONTO LAS PALABRAS HOSTILES SE CONVIRTIERON EN VIOLENCIA POR TODO LAGO TULE.
HUPF
KRR
NCH
THUD
WHM
¡RETÍRENSE YA! ¡ES UNA ORDEN!
EL COMANDO ADOPTÓ MEDIDAS AÚN MÁS SEVERAS.
NIÑOS, ¡A CASA YA! ¡ES HORA DEL TOQUE DE QUEDA!
¡MALDITO KETOH!
¿NO SIGNIFICA INU "PERRO" EN JAPONÉS?
SÍ.
¿POR QUÉ LLAMO UN HOMBRE AL OTRO UN INU?
PAPÁ SABRÁ PORQUÉ...

"...PAPÁ SABE TODO".
LE LLAMÓ "PERRO" PORQUE ESTÁ MUY ENFADADO.
CREE QUE EL OTRO HOMBRE HIZO ALGO CONTRA NUESTRO PUEBLO PARA CONSEGUIR UN TRATAMIENTO ESPECIAL.
¿LO HIZO?
NO PUEDO DARLO POR SEGURO.
PERO ASÍ ES COMO COMIENZAN LOS RUMORES QUE ENFRENTAN A LOS VECINOS ENTRE SÍ.
ES MEJOR QUE NO HAGAMOS SUPOSICIONES.
¡CONTESTÉ A TU PREGUNTA?
CREO QUE SÍ...
¿QUÉ SIGNIFICA KETOH? LO GRITABAN A LOS GUARDIAS.
ES OTRA PALABRA PARA HERIR A LA GENTE.
NO PARECIÓ HERIR A LOS GUARDIAS.
ES PORQUE NO SABEN LO QUE SIGNIFICA.
¿QUÉ SIGNIFICA?
"RAZA PELUDA".
LOS BLANCOS SÍ SON BASTANTE VELLUDOS, ¿NO? SOLO HAY QUE MIRAR SUS BRAZOS.
AÚN ASÍ, NO DEBES LLAMAR A NADIE ASÍ NUNCA. ES UNA PALABROTA.
¿COMO "SAKANA BEACH"?
EXACTAMENTE.

LAS TENSIONES ENTRE LOS GUARDIAS Y LOS INTERNADOS AUMENTABAN A DIARIO.
¡NO! ¡QUITA TUS MANOS DE ENCIMA!
¡DEJA DE RESISTIRTE!

¡VUELVAN A SUS CASAS *DE INMEDIATO*!
¡O SE UNIRÁN CON SU AMIGO ***RADICAL*** EN LA PRISIÓN MILITAR!

PAPÁ, ESE HOMBRE...
TENEMOS QUE VOLVER A CASA DEPRISA, GEORGE.

NECESITA AYUDA. DEBEMOS...
NO HAY TIEMPO. SIGUE ANDANDO.

AÑOS MÁS TARDE, EL TRAUMA DE ESAS EXPERIENCIAS SEGUÍA ATORMENTÁNDOME.

A LA MAYORÍA DE LOS JAPONESES AMERICANOS DE LA GENERACIÓN DE MIS PADRES NO LES GUSTABA HABLAR CON SUS HIJOS SOBRE EL INTERNAMIENTO.

IGUAL QUE SUCEDE CON MUCHAS EXPERIENCIAS TRAUMÁTICAS, SUS RECUERDOS LES ANGUSTIABAN Y FUERON ATORMENTADOS POR LA VERGÜENZA...

...POR ALGO QUE NO ERA CULPA SUYA.

LA VERGÜENZA ES ALGO CRUEL.

DEBERÍA PESAR EN LOS HOMBROS DE LOS CULPABLES...

...PERO NO LA CARGAN COMO LO HACEN LAS VÍCTIMAS.

MI PADRE, POR OTRO LADO, HABLABA CONMIGO SOBRE ELLO TODO EL TIEMPO.
PAPÁ, ¿POR QUÉ NOS LLEVASTE A ESOS CAMPAMENTOS CONTIGO?

¿POR QUÉ ACEPTASTE ALGO QUE ESTABA COMPLETAMENTE MAL?

TIENES QUE SABER CÓMO ERA LA VIDA ENTONCES. TODAS LAS FUERZAS ESTABAN EN NUESTRA CONTRA.

NOS FORZARON A ABANDONAR NUESTRO HOGAR A PUNTA DE PISTOLA. TENÍA QUE PENSAR EN USTEDES–
¡PERO ESTABA ***MAL***, PAPÁ!
AL IRTE, DISTE TU CONSENTIMIENTO PASIVO.

ENTONCES, ¿QUÉ CREES QUE DEBERÍA HABER HECHO?

¡YO HABRÍA *PROTESTADO*! ¡ESTABA *MAL*!
HUBIERA ORGANIZADO A MIS AMIGOS...
...Y HUBIÉRAMOS PROTESTADO Y HECHO TODO LO QUE PUDIÉRAMOS PARA *PARARLO*.

ESTE ES EL PROBLEMA CON LOS JAPONESES. ¡SOMOS DEMASIADO PASIVOS!
¡*ALGUIEN* DEBERÍA HABER DICHO ALGO Y *PROTESTADO*!

SÍ, PUEDO IMAGINARTE HACIENDO ESO. PERO LES TENÍA QUE TENER EN CUENTA A TI Y A LA FAMILIA.
ALGÚN DÍA LO ENTENDERÁS.
¿CUANDO SEA MAYOR, NO?

PUES *YA* SOY MAYOR Y LO *ENTIENDO*.
PAPÁ, ¡NOS LLEVASTE COMO CORDEROS AL MATADERO, A UNA *PRISIÓN* DE ALAMBRADA DE PÚAS!

QUIZÁS TIENES RAZÓN.

YO LE RECLAMÉ CON UN AIRE DE SUPERIORIDAD MORAL, MIENTRAS MI PADRE SUFRÍA EN SILENCIO.

AÚN ME DUELE HASTA HOY...
...LA FRANQUEZA DIRECTA DE ESE NIÑO ARROGANTE HIRIENDO A SU PADRE...
...UN HOMBRE QUE SABÍA LA ANGUSTIA DE ESOS AÑOS OSCUROS DEL INTERNAMIENTO MÁS INTENSAMENTE DE LO QUE ESE NIÑO JAMÁS PODRÍA ENTENDER.

PARA NOSOTROS DOS, ROHWER Y LAGO TULE NO ERAN EL PASADO.
¡JAPONÉS Y ORGULLOSO!
¡NO NOS SILENCIARÁN!
¡KETOH!
¡KETOH!
¡AL SUELO!
¡VETE A LA MIERDA, KETOH!
¡PAPÁ!
¡PAPÁ!
RRRRRR

RRRR

¡POR AQUÍ!
¡RÁPIDO!
EL TERROR QUE SENTÍ ESE DÍA ES AÚN UN RECUERDO VIVO.
SIN EMBARGO, LA RAZÓN POR LA QUE ESTÁBAMOS ALLÍ NO ESTUVO CLARA HASTA AÑOS DESPUÉS.

DURANTE NUESTRAS CHARLAS DE SOBREMESA, PAPÁ REVELARÍA MÁS DETALLES SOBRE ESE MOMENTO EN NUESTRAS VIDAS...
...RELLENANDO ALGUNAS DE LAS LAGUNAS QUE SE ME HABÍAN ESCAPADO.
ERA UNA DEMOSTRACIÓN EN PROTESTA POR EL DETENIMIENTO DE UN HOMBRE ACUSADO DE SER UN REBELDE.
¿LO ERA?

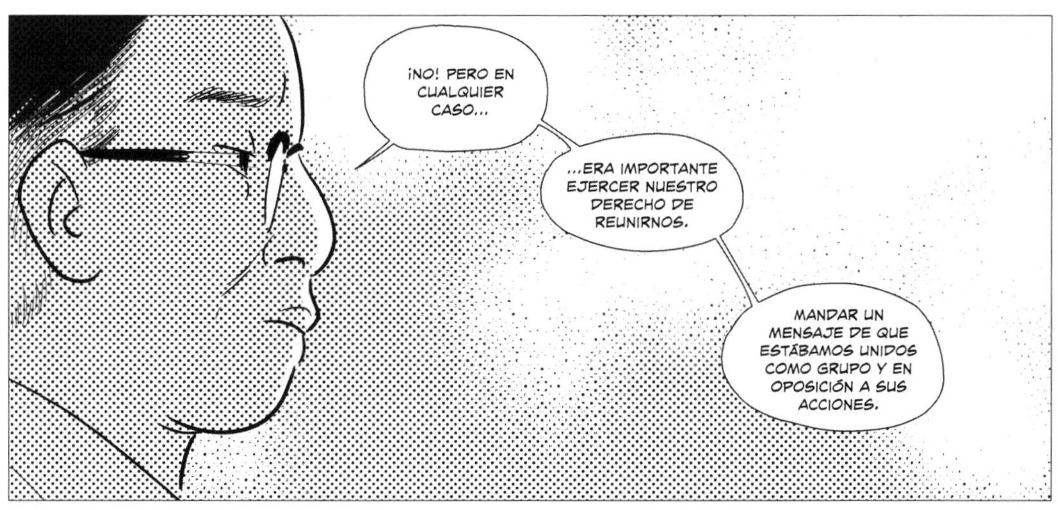
¡NO! PERO EN CUALQUIER CASO...
...ERA IMPORTANTE EJERCER NUESTRO DERECHO DE REUNIRNOS.
MANDAR UN MENSAJE DE QUE ESTÁBAMOS UNIDOS COMO GRUPO Y EN OPOSICIÓN A SUS ACCIONES.

ME DI CUENTA EN ESE MOMENTO...
...HABÍA PARTICIPADO EN UNA DEMOCRACIA DESDE QUE TENGO MEMORIA.
ESA ES *LA FUERZA* DE NUESTRO SISTEMA.
BUENA GENTE, ORGANIZADOS, HABLANDO EN VOZ ALTA Y CLARA.
INMERSOS EN *EL PROCESO DEMOCRÁTICO*.

HUBO APOYO DEL MUNDO EXTERIOR TAMBIÉN.
ALGUNAS PERSONAS VIERON AQUELLA INJUSTICIA COMO LO QUE ERA Y DECIDIERON HACER ALGO AL RESPECTO.
VROMAN'S BOOK STORE

CADA MES, UN MISIONERO CUÁQUERO* LLAMADO **HERBERT NICHOLSON**...
...ENTREGABA LIBROS DE VROMAN'S BOOKSTORE A LOS CAMPAMENTOS CERCANOS.
NORMALMENTE VISITABA LOS CAMPAMENTOS DE MANZANAR, POSTON Y GILA RIVER...
...PERO TAMBIÉN ACUDIÓ A TOPAZ, MINIDOKA, HEART MOUNTAIN Y AMACHE.
*CRISTIANO DISIDENTE PERTENECIENTE A LA SOCIEDAD RELIGIOSA DE LOS AMIGOS

AUNQUE EL DIRECTOR DEL CAMPAMENTO LE OTORGÓ PERMISO PARA VENIR CUANDO QUERÍA...

...NO TODOS APRECIABAN SUS ESFUERZOS.
PUM
PUM
PUM
DESPUÉS DE QUE LO ATACARON, LA GENTE DE MANZANAR SUPUSO QUE YA NO VERÍAN MÁS A HERBERT...

PERO EL MES SIGUIENTE EN LA MISMA FECHA, ALLÍ ESTABA, EN MANZANAR, CON MÁS LIBROS.

HIZO UN ESFUERZO EXTRAORDINARIO POR LOS INTERNOS...

1 DE JULIO DE 1944
¿PASA ALGO, PAPÁ?
MUCHAS COSAS. PERO HOY ESTÁ BIEN.
PAPÁ TENÍA RAZÓN SOBRE EL CAMPO ESE DÍA, PERO ESTABA EQUIVOCADO SOBRE OTROS EVENTOS QUE SE DESARROLLABAN MUY LEJOS, EN WASHINGTON, D. C.

UNOS MESES ANTES, UNO DE LOS ASUNTOS MÁS DOLOROSOS Y COMPLICADO QUE SURGIÓ DE LA ENCARCELACIÓN MASIVA DE LOS JAPONESES AMERICANOS FUE PUESTO EN MARCHA.
...UN PROYECTO DE LEY QUE *DESTERRARÁ* A CIERTAS PERSONAS...
...QUE HAN RECONOCIDO ABIERTAMENTE SU *DESLEALTAD* HACIA LOS ESTADOS UNIDOS...
...Y HAN *RENUNCIADO* A SER LEALES A LOS ESTADOS UNIDOS, AUNQUE NACIERON EN ESTE PAÍS.

H. R. 4103 FUE REDACTADO POR EL *FISCAL GENERAL FRANCIS BIDDLE*.
ESTE PROYECTO DE LEY NOS DIO EL "DERECHO" DE RENUNCIAR A NUESTROS DERECHOS COMO CIUDADANOS DE LOS EE. UU.
SI LO HACÍAMOS, NOS CONVERTIRÍAMOS OFICIALMENTE EN LOS EXTRANJEROS ENEMIGOS QUE YA CREÍAN QUE ÉRAMOS.

23 DE FEBRERO DE 1944
CUANDO VOTARON EN LA CÁMARA DE LOS REPRESENTANTES, H. R. 4103 FUE APROBADO CON UN VOTO DE 111 A FAVOR Y 23 EN CONTRA.

23 DE FEBRERO DE 1944
CUATRO MESES DESPUÉS, EL PROYECTO DE LEY LLEGÓ ANTE EL SENADO.

WALLACE H. WHITE (R-ME)
ESPERAMOS QUE BASTANTES JAPONESES...
...APROVECHEN EL PROCEDIMIENTO EXPUESTO EN EL PROYECTO DE LEY.
ASÍ, PODREMOS OFRECERLOS AL GOBIERNO IMPERIAL EN JAPÓN A CAMBIO DE CIUDADANOS AMERICANOS QUE ESTÁN COMO REHENES.

RICHARD B. RUSSELL (D-GA)
ESTE PROYECTO DE LEY BRINDARÁ LA OPORTUNIDAD A LOS INDIVIDUOS QUE SIENTAN LEALTAD HACIA EL EMPERADOR...
...DE RENUNCIAR A SU CIUDADANÍA, PARA QUE LOS ESTADOS UNIDOS PUEDAN DEPORTARLOS...

EL COMITÉ DEL SENADO APROBÓ EL PROYECTO DE LEY CON UN MÍNIMO DE DEBATE Y CERO OPOSICIÓN.

LUEGO, EL 1 DE JULIO DE 1944, LA LEY PÚBLICA 78-405 FUE RATIFICADA POR EL PRESIDENTE.
OBTUVIMOS EL "DERECHO" A CONVERTIRNOS EN "EXTRANJEROS ENEMIGOS".

AUNQUE EL CONGRESO NUNCA ADMITIÓ ELEGIR COMO BLANCO A LA POBLACIÓN *NISEI*...
...LOS *NISEI* SERÍAN LOS MÁS AFECTADOS POR ESTA NUEVA LEY.

OCTUBRE DE 1944
¡AMÉRICA LOS TRATA COMO ***BASURA***!

¿POR QUÉ SEGUIR AGUANTANDO SUS DESMANES RACISTAS?

¡SIÉNTETE ORGULLOSO DE ***NUESTRA*** HERENCIA RACIAL!

TODO EL MUNDO QUIERE MARCHARSE A JAPÓN. ¿QUÉ VAMOS A HACER?
COMO SIEMPRE, ELEGIREMOS LO MEJOR PARA NOSOTROS. JUNTOS.

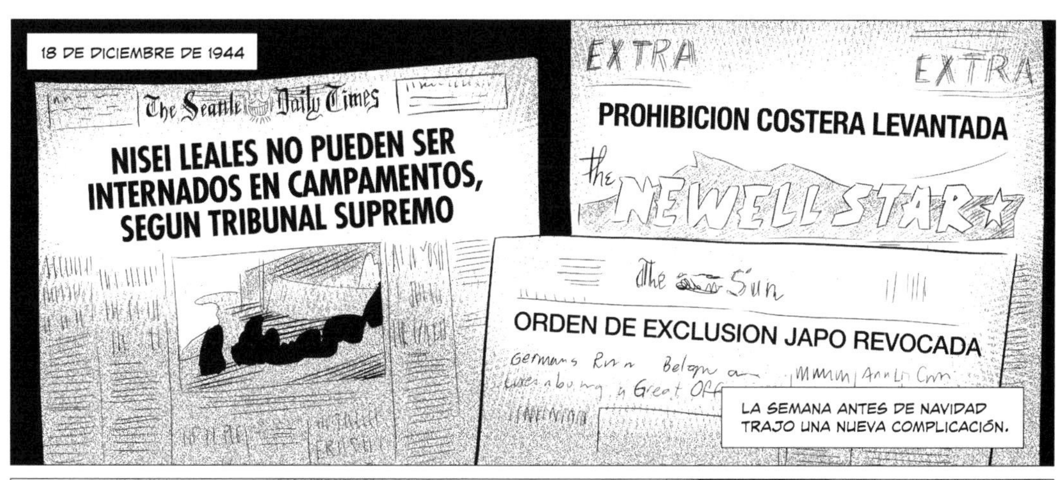
18 DE DICIEMBRE DE 1944
The Seattle Daily Times
NISEI LEALES NO PUEDEN SER INTERNADOS EN CAMPAMENTOS, SEGUN TRIBUNAL SUPREMO
EXTRA
EXTRA
PROHIBICION COSTERA LEVANTADA
the NEWELL STAR
The Sun
ORDEN DE EXCLUSION JAPO REVOCADA
LA SEMANA ANTES DE NAVIDAD TRAJO UNA NUEVA COMPLICACIÓN.

VAN A CERRAR LOS CAMPAMENTOS.
¿CUÁNDO?

AQUÍ DICE QUE DE SEIS MESES A UN AÑO.
ENTONCES TENDRÍAMOS QUE *MARCHARNOS* DE LAGO TULE.

LA NOTICIA PROVOCÓ TERROR Y CONFUSIÓN DENTRO DEL CAMPAMENTO.

¿A DÓNDE IREMOS? ¿QUÉ *COMEREMOS*?

LES HE CONTADO TODO LO QUE YO SÉ. EN CUANTO CONSIGA MÁS INFORMACIÓN, LA COMPARTIRÉ.

NOS ESTÁN TIRANDO A *LOS LOBOS*–

LOS PREJUICIOS CONTRA LOS JAPONESES AMERICANOS AÚN PERMANECÍAN POR LA COSTA OESTE Y EN OTRAS PARTES.

AUNQUE EL ***FISCAL GENERAL BIDDLE*** ESTABA AUTORIZADO DESDE OCTUBRE A ACEPTAR RENUNCIAS DE CIUDADANÍA...

...SOLO UNAS POCAS DOCENAS DE JAPONESES AMERICANOS HABÍAN APROVECHADO LA OFERTA DEL GOBIERNO DE LOS EE. UU.

DI TU NOMBRE. DA TU DECLARACIÓN.
MI NOMBRE ES TOMIO FUJIHARA Y RENUNCIO–

TRAS UNAS SEMANAS, MILES DE JAPONESES AMERICANOS EN LAGO TULE HABÍAN RENUNCIADO SU CIUDADANÍA.
PARA MUCHOS, YA ***NO TENÍA VALOR.***

¡LEALTAD A JAPÓN!
MIENTRAS ALGUNOS PROTESTABAN CONTRA EL GOBIERNO AMERICANO, SEDUCIDOS POR MILITANTES PRO-JAPÓN...

...OTROS TENÍAN PREOCUPACIONES MÁS PERSONALES.
PENSANDO EN INTENTAR FORZAR LAS INTENCIONES DE WASHINGTON PARA PROTEGER A SU FAMILIA...
...MI MADRE TOMÓ ESA DECISIÓN AUDAZ DE RENUNCIAR A SU CIUDADANÍA.
¡SIGUIENTE!

NO PODRÁN DEPORTARNOS A ***TODOS.***

NO TENDRÁN MÁS REMEDIO QUE MANTENER LOS CAMPAMENTOS.
PASARON POCOS MESES CUANDO APRENDIMOS CUÁN ***EQUIVOCADOS*** HABÍAMOS ESTADO.

EN AGOSTO DE 1945, NOTICIAS DEL MUNDO EXTERIOR DE UN ATAQUE DEVASTADOR A JAPÓN RETUMBARON POR LOS CAMPOS.
...HAY RAZONES PARA CREER QUE LA CIUDAD JAPONESA DE ***HIROSHIMA*** YA NO EXISTE...
...
!!
¿ESCUCHASTE...?
¡PERO MI MADRE ESTÁ ALLÍ...!
Y MI HERMANA TAMBIÉN...
まさか...*
*NO PUEDE SER...

¡NO ES VERDAD! MIENTEN PARA CONFUNDIRNOS.
LA DESCONFIANZA ANTE LAS NOTICIAS DE FUERA NO ERA NADA NUEVO.
LO MISMO OCURRIÓ CUANDO MURIÓ EL PRESIDENTE ROOSEVELT.
ALGUNOS EN EL CAMPAMENTO PENSARON QUE ERA ***PROPAGANDA*** PARA INTENTAR DESUBICARNOS.
PERO, SOLO TRES DÍAS DESPUÉS DE HIROSHIMA, ***NAGASAKI*** TAMBIÉN FUE BOMBARDEADO.

MUCHAS FAMILIAS EN EL CAMPAMENTO FUERON AFECTADAS DIRECTAMENTE.
INCLUÍDA LA NUESTRA.
MAMÁ...
MI MADRE Y PADRE...
BUAA
...TUS ABUELOS...
NO PODEMOS SABER SI ESTÁN BIEN-

FUE UN BOMBARDEO DEVASTADOR. UNA CANTIDAD IMPENSABLE DE PERSONAS FUERON ASESINADAS.

PERO TIENES QUE SEGUIR ADELANTE.
BUAA
POR TU PROPIO BIEN, POR NUESTRO BIENESTAR... VAMOS A PENSAR QUE TUS PADRES DESCANSAN EN PAZ.

UNA CALMA INQUIETANTE SE APODERÓ DEL CAMPAMENTO.
LOS MOTINES FUERON SUSTITUIDOS POR EL SILENCIO.
VENÍAN GRANDES CAMBIOS.

14 DE AGOSTO DE 1945
JAPÓN SE HA RENDIDO.
LA GUERRA *HA ACABADO.*

¡MENTIRAS!

¡NO LO CREO! ¡ES UNA TRAMPA!

NO ES NINGUNA TRAMPA.
DEBEMOS PREPARARNOS PARA EL CIERRE EVENTUAL DE ESTE CAMPAMENTO.

EL GOBIERNO HABÍA CORTADO LOS SERVICIOS EN TODOS LOS CAMPAMENTOS...
...ALENTANDO A MUCHAS FAMILIAS A MUDARSE.
PERO PARA LOS QUE HABÍAN RENUNCIADO A SU CIUDADANÍA, NO HUBO NINGUNA OPCIÓN.

ME PREOCUPA EL FUTURO. ¿QUE HAREMOS EN JAPÓN?
PASE LO QUE PASE, ESTAREMOS JUNTOS.

EL PRIMER BARCO DE "EXTRANJEROS ENEMIGOS" EN SER DEPORTADO TENÍA PREVISTO ZARPAR EL 15 DE NOVIEMBRE DE 1945.

ESTABA PREVISTO QUE MAMÁ SE MARCHARA ***EN ESE BARCO.***

NACIDA EN SACRAMENTO, MAMÁ – COMO TANTOS OTROS – SERÍA DEPORTADA A JAPÓN, UN PAÍS DEVASTADO POR AÑOS DE GUERRA.

Y AHORA NO DESEAS RENUNCIAR A TU CIUDADANÍA ESTADOUNIDENSE, ¿VERDAD?
UN ABOGADO DE SAN FRANCISCO **WAYNE COLLINS** HABÍA IMPUGNADO LA ORDEN 9066 HASTA EL TRIBUNAL SUPREMO.

TRAS VISITAR LAGO TULE, RÁPIDAMENTE SE DEDICÓ A AYUDAR EN ***LA CRISIS DE RENUNCIA***.
COMO MAMÁ, MILES DE PRISIONEROS HABÍAN RENUNCIADO A SU CIUDADANÍA EN UN INTENTO DESESPERADO DE PROTEGER A SUS FAMILIAS.

PERO CON EL FIN DE LA GUERRA Y EL CIERRE DE LOS CAMPAMENTOS, DE REPENTE TODO HABÍA CAMBIADO.
PUEDE QUE EL GOBIERNO HAYA ELEGIDO IGNORARNOS HASTA AHORA, PERO AÚN NO NOS HEMOS DADO POR VENCIDOS.

ES TAN IMPOSIBLE ***RENUNCIAR A TU CIUDADANÍA*** EN TIEMPOS DE GUERRA...
...COMO RENUNCIAR A PERTENECER A LA HUMANIDAD.

EN SEPTIEMBRE DE 1945, CASI 1000 RENUNCIANTES FORMARON EL ***COMITÉ POR LA DEFENSA DE LAGO TULE***.
WAYNE COLLINS FUE ELEGIDO COMO SU REPRESENTANTE.

LA RENUNCIA NO FUE PRODUCTO DEL *LIBRE ALBEDRÍO*...
...SINO IMPUESTA MEDIANTE LA DETENCIÓN ILEGAL Y LAS CONDICIONES QUE PREDOMINABAN EN EL CENTRO DE LAGO TULE...
...POR LAS CUALES EL GOBIERNO ERA ***EL ÚNICO*** RESPONSABLE.

EL 13 DE NOVIEMBRE DE 1945, DOS DÍAS ANTES DE QUE COMENZARAN LAS DEPORTACIONES...
SEÑOR, ESTO ES UNA CANTIDAD EXORBITANTE DE PAPELEO.
PUES SÍ, LO ES.
...COLLINS PRESENTÓ DEMANDAS DE ***HÁBEAS CORPUS***, EN REPRESENTACIÓN DE 935 DEMANDANTES.

14 DE NOVIEMBRE DE 1945
¡FUNCIONÓ!
!!
THEODORE "TED" TAMBA, ABOGADO JAPONÉS AMERICANO Y ASOCIADO DE COLLINS, ENTREGÓ LAS NOTICIAS.

NUESTRA DEFENSA LEGAL FUE LIDERADA POR EL SR. COLLINS Y LA SUCURSAL DE SAN FRANCISCO DE LA UNIÓN AMERICANA DE LIBERTADES CIVILES.

MENOS RECONFORTANTE ES EL HECHO QUE FUE LA ***ÚNICA*** SUCURSAL DE ESA ORGANIZACIÓN NACIONAL...

...EN TOMAR UNA POSICIÓN CONTRA ***EL ENCARCELAMIENTO ILEGAL*** DE ***CIUDADANOS AMERICANOS***.

EL BARCO QUE NOS HUBIERA DEPORTADO A JAPÓN ZARPÓ DE LOS ESTADOS UNIDOS LLENO DE PASAJEROS.
BWOOO-HOOOO
PERO NOSOTROS AÚN PERMANECÍAMOS EN LAGO TULE.

WAYNE COLLINS NOS SALVÓ JUSTO A TIEMPO.

ESTE JUZGADO HA DECIDIDO MITIGAR LA DEPORTACIÓN...
DE MÁS DE 3,000 PERSONAS QUE RECIBIERON AUDIENCIAS, CASI EL 90 % FUERON LIBERADOS...

...AUNQUE HICIERON FALTA MUCHOS AÑOS DE DEDICACIÓN CONSTANTE PARA RESTAURAR LA CIUDADANÍA DE MAMÁ.
GRACIAS, SRA. TAKEI. ESPERAMOS QUE ESTO RESUELVA EL ASUNTO DE UNA VEZ POR TODAS.
NO, SR. COLLINS, SOY YO QUIEN LE DEBO A USTED GRAN AGRADECIMIENTO.
PERO, EN 1945, ÉXITO EL LOGRO EN EL TRIBUNAL SIGNIFICABA QUE TENÍAMOS PERMISO PARA MUDARNOS A CUALQUIER LUGAR EN AMÉRICA.

VÁMONOS A CASA. ¿QUÉ TE PARECE, GEORGE?
¡ME GUSTA CUANDO MAMÁ SONRÍE!
CON SU COMPROMISO ABNEGADO A NUESTRO CAUSA...
...WAYNE COLLINS DETERMINÓ EL RUMBO DE MI DESTINO Y EL DE MUCHOS OTROS JAPONESES AMERICANOS.

LOS INTERNOS RECIBIMOS UN BILLETE DE IDA A CUALQUIER PARTE DE LOS ESTADOS UNIDOS.
AHORA NOS ENFRENTÁBAMOS A LA DECISIÓN DE DÓNDE IR.
VOLVAMOS A LOS ÁNGELES. COMENZAREMOS DE NUEVO ALLÍ.
¿ES SEGURO PARA NOSOTROS?
IGUAL NO TENEMOS BIENVENIDA DESPUÉS DE GUERRA.
¿A DÓNDE SI NO?
TU HERMANO DICE QUE SALT LAKE CITY ES ACOGEDOR. NO COMO LA COSTA OESTE.
PERO SALT LAKE CITY NO ES NUESTRO HOGAR. LOS ÁNGELES LO FUE, ANTES.
PUEDE SERLO DE NUEVO.
TENEMOS MUCHOS RECUERDOS FELICES ALLÍ.
NO HASTA SABER SI ES SEGURO. NIÑOS NO PUEDEN ESTAR INSEGURO.
IRÉ YO SOLO PARA ECHAR UN VISTAZO. SI ES SEGURO, ¿ESTÁS DE ACUERDO?
SÍ.
DESPUÉS DE MUCHAS DELIBERACIONES, ESTABA DECIDIDO.
ERA POSIBLE QUE FINALMENTE VOLVIÉRAMOS A CASA.

DICIEMBRE DE 1945
CELEBRAMOS UNA ÚLTIMA NAVIDAD EN LAGO TULE.
ME ACUERDO DE TODAS LAS DEMÁS NAVIDADES EN EL CAMPAMENTO SALVO ESTA, SIN PAPÁ.
SE HABÍA MARCHADO LA SEMANA ANTES PARA TANTEAR EL AMBIENTE DE LOS ÁNGELES Y BUSCARNOS UN HOGAR.

6 DE MARZO DE 1946
HABÍAN PASADO UNOS MESES.
ÉRAMOS DE LOS ÚLTIMOS INTERNOS QUE QUEDABAN EN NUESTRO BLOQUE.
FALTABAN HORAS HASTA QUE NOS LLEVARAN A LA ESTACIÓN DE TREN.

ESTE LUGAR QUE CONTENÍA TANTAS MEMORIAS...
...TANTO BUENAS COMO MALAS...
...ESTABA AHORA SILENCIOSO Y VACÍO.

DESPUÉS DE CUATRO AÑOS LARGOS, NUESTRO TIEMPO DETRÁS DE ALAMBRADAS DE PÚAS LLEGÓ A SU FIN.

MIENTRAS NOS ACERCÁBAMOS A LOS ÁNGELES, LA CIUDAD BRILLABA AL SOL.
¡AQUÍ FUE DONDE PAPÁ NOS ESPERABA!

ESE AYUNTAMIENTO LOS ÁNGELES.
ALLÍ PAPÁ Y MAMÁ CASADO.

ERA COMPLETAMENTE DESCONOCIDA... PERO AQUEL DÍA, SENTÍ UNA CONEXIÓN INMEDIATA CON ESA CIUDAD MAJESTUOSA.
EL LUGAR DE MI NACIMIENTO.
NUESTRO NUEVO HOGAR.

¡¡PAPÁ!!

¡BUF! ¡TAMBIÉN LOS EXTRAÑÉ!

DESPUÉS DE DIEZ LARGAS SEMANAS, ESTÁBAMOS JUNTOS DE NUEVO.

NUESTRA PRIMERA CASA DESPUÉS DE LOS CAMPAMENTOS ESTABA EN *LOS BARRIOS BAJOS.*

AHORA VIVÍAMOS ENTRE LOS BORRACHOS Y LOS ABANDONADOS.
ME ACUERDO DEL HEDOR DE ORINA EN TODOS LADOS:
EN LAS CALLES...
...EN LOS CALLEJONES...
...EN TODAS PARTES.

FUE UNA EXPERIENCIA HORRIBLE, Y PARA NOSOTROS LOS NIÑOS...

UNGH!!
...FUE *TRAUMATIZANTE.*

MAMÁ, VOLVAMOS A *CASA*...
A VECES, ANHELÁBAMOS ESAS CERCAS DE ALAMBRADO CON PÚAS...
PARA NOSOTROS, *AQUELLO* ERA NUESTRA CASA.

NUESTRA INFANCIA ESTABA LLENA DE CIRCUNSTANCIAS GROTESCAMENTE *ANORMALES*...
Weee-ooo
Weee-ooo
ALTA HOTEL
NO SE PREOCUPEN, AQUÍ HAY OTRAS FAMILIAS DE LOS CAMPAMENTOS TAMBIÉN.
...QUE EVENTUALMENTE SE CONVERTIRÍA EN NUESTRA *"NORMALIDAD"*.

NOS HABÍAMOS ACOSTUMBRADO A FORMAR FILA TRES VECES AL DÍA PARA COMER UNA COMIDA MEDIOCRE EN UN COMEDOR RUIDOSO...
Wee-oooo
...PERO TODAS LAS RUTINAS DE NUESTRO ENCARCELAMIENTO HABÍAN QUEDADO ATRÁS.
Weee-oooo
POR AQUÍ, HENRY.
AHORA NOS ENCONTRÁBAMOS EN UN ENTORNO DE BULLICIO PERPETUO Y UN HEDOR CONSTANTE.

PERO LOS NIÑOS SON ASOMBROSAMENTE FLEXIBLES. SOBREVIVIRÍAMOS A ESTA EXPERIENCIA TAMBIÉN.
SOLO ES TEMPORAL.

MÁS AÚN QUE LA HABITACIÓN SUCIA, EL RUIDO, LAS LUCES ROJAS INTERMITENTES Y EL HORRIBLE OLOR...
...EL CAMBIO MÁS DESAFIANTE FUE ACOSTUMBRARME A LAS ESCALERAS.

COMO NUNCA ANTES HABÍAMOS VIVIDO EN UNA CASA DE DOS PLANTAS...
...LAS ESCALERAS ERAN CUALQUIER COSA MENOS NORMAL PARA NOSOTROS.

ADEMÁS DE SU TRABAJO DIURNO COMO FREGAPLATOS...
...PAPÁ ABRIÓ UNA PEQUEÑA AGENCIA DE EMPLEO EN EL DISTRITO DE *PEQUEÑO TOKIO.*

¡GRACIAS, SR. TAKEI!
HABÍA MUCHOS JAPONESES AMERICANOS COMENZANDO DE NUEVO, COMO NOSOTROS.
RECURRIERON A SU ANTERIOR REPRESENTANTE DEL BLOQUE PARA AYUDARLES.
PAPÁ HIZO TODO LO POSIBLE PARA AYUDARLOS A PONERSE DE NUEVO EN MARCHA.

PERO NO NOS PODÍA MANTENER DURANTE MUCHO TIEMPO, PORQUE PAPÁ NO COBRABA COMISIÓN POR ESTOS SERVICIOS.
NO ERA CAPAZ DE ACEPTAR DINERO DE ESA GENTE QUE NO TENÍA NADA Y LUCHABA PARA REESTABLECERSE.

EVENTUALMENTE, MAMÁ EXIGIÓ QUE CERRASE LA AGENCIA.
MUCHOS OTROS COMO NOSOTROS ENCUENTRAN TRABAJO.
¡YA MUCHO SACRIFICIO! AHORA CUIDAR ***NOSOTROS.***
DE ACUERDO. ¿QUÉ TE PARECE SI EMPEZAMOS A TRABAJAR COMO UNA LAVANDERÍA?

DESPUÉS DE SEIS SEMANAS, BAJAMOS LAS ESCALERAS DEL HOTEL *ALTA* POR ÚLTIMA VEZ.
ÍBAMOS CAMINO A UN NUEVO HOGAR. UN NUEVO TRABAJO.
UNA NUEVA VIDA.

NOS MUDAMOS A UN BARRIO DE MEXICANOS AMERICANOS EN EL ESTE DE LOS ÁNGELES...
...DONDE ENCONTRAMOS UN NUEVO RITMO QUE NOS CONVENÍA.
DURANTE NUESTRO ENCARCELAMIENTO, LAS NOTICIAS VIAJABAN LENTAMENTE... SOLO TENÍAMOS RUMORES Y CHISMES SUSURRADOS PARA INFORMARNOS SOBRE EL EXTERIOR.
EN EL ESTE DE L.A. RECIBIMOS UNA CARTA INESPERADA DE MI ABUELA...
...DÁNDONOS LA BUENA NOTICIA DE QUE ELLA Y MI ABUELO HABÍAN ***SOBREVIVIDO*** MILAGROSAMENTE AL BOMBARDEO DE HIROSHIMA.
SIN EMBARGO, NO TODO ERAN NOTICIAS BUENAS...
RECIBIMOS OTRA CARTA DE NUESTRA ABUELA UNAS SEMANAS DESPUÉS INFORMÁNDONOS DE LAS MUERTES DE MI TÍA AYAKO Y MI PRIMO.
AL PARECER, NO QUERÍA DARNOS LAS BUENAS NOTICIAS JUNTAS CON LAS MALAS.
HALLARON LOS CADÁVERES DE AYAKO Y SU HIJO PEQUEÑO EN UNO DE LOS MUCHOS CANALES DE HIROSHIMA.
PARECE QUE SUS CUERPOS SE HABÍAN PRENDIDO FUEGO Y SE TIRARON AL AGUA, DONDE MURIERON.
AUNQUE NUESTRAS VIDAS ESTABAN VOLVIENDO A LA NORMALIDAD...
...LAS RÉPLICAS DE LA GUERRA SEGUÍAN COBRANDO UN COSTO TRÁGICO.

COMENCÉ A ASISTIR A LA ESCUELA PRIMARIA EN EL ESTE DE LOS ÁNGELES.
COMO UN NIÑO AMERICANO CUALQUIERA.
PERO NO TODO EL MUNDO LO VEÍA ASÍ...

MI MAESTRA DE CUARTO GRADO, LA SRA. RUGEN, TENÍA UN AIRE RÍGIDO.
ESPECIALMENTE HACIA *MÍ*.
SÍ, MARÍA.

SIEMPRE QUE LEVANTABA LA MANO, MIRABA A OTRO LADO.
CARLOS.

SKREEE
EN EL RECREO, OCURRÍA ***LO CONTRARIO*** Y NUNCA ME QUITABA EL OJO DE ENCIMA.

UN DÍA LE ESCUCHÉ DECIR ALGO QUE ME HIRIÓ COMO UN CUCHILLO.
ESE PEQUEÑO JAPO-

ESA PALABRA DOLOROSA ABRIÓ UNA HERIDA LLENA DE VERGÜENZA.

TENÍA LA SOSPECHA INQUIETANTE...

...DE QUE LA RAZÓN DE QUE ME LLAMARA "PEQUEÑO JAPO" TENÍA ALGO QUE VER CON NUESTRO TIEMPO EN EL CAMPAMENTO.

PROMETO LEALTAD A LA BANDERA DE LOS ESTADOS UNIDOS DE AMÉRICA...

...Y A LA REPÚBLICA QUE REPRESENTA...

YA ERA LO SUFICIENTE DE MAYOR ENTONCES PARA ENTENDER QUE EL CAMPAMENTO ERA PARECIDO A *LA CÁRCEL*...

...PERO NO PODÍA ENTENDER QUÉ HABÍAMOS HECHO PARA MERECER SER MANDADOS ALLÍ.

DE ADOLESCENTE, SENTÍ CURIOSIDAD POR LOS CAMPOS DE INTERNAMIENTO.
BUSQUÉ EN TODOS MIS LIBROS DE DERECHOS CIVILES Y HISTORIA...
UNITED STATES HISTORY
GOVERNMENT
...PERO NO CONTENÍAN NADA SOBRE EL INTERNAMIENTO DE LOS JAPONESES AMERICANOS.

MIENTRAS ESTUDIABA SOBRE LOS DERECHOS CIVILES Y EL GOBIERNO EN LA ESCUELA, LLEGUÉ A VER EL INTERNAMIENTO NO SOLO COMO UN ATAQUE CONTRA UN GRUPO ENTERO DE CIUDADANOS AMERICANOS...
ABAJO LOS JAPOS
EN-CIÉ-RREN-LOS
¡DALE AL JAPO!
VÁYANSE JAPOS
ESTE ES UN BARRIO PARA BLANCOS
...SINO CONTRA LA PROPIA CONSTITUCIÓN.
CÓMO SUS GARANTÍAS DEL ***DEBIDO PROCESO*** Y ***PROTECCIÓN POR IGUAL*** HABÍAN SIDO DECIMADOS POR LAS FUERZAS DEL ***MIEDO*** Y EL ***PREJUICIO***...
...DESATADOS POR POLÍTICOS SIN ESCRÚPULOS.

NO PUDE RECONCILIAR LO QUE LEÍA EN ESTOS LIBROS SOBRE LOS IDEALES RELUCIENTES DE NUESTRA DEMOCRACIA CON LO QUE YO SABÍA QUE HABÍA SIDO EL ENCARCELAMIENTO DE MI INFANCIA.
UNITED STATES HISTORY

TUVE QUE APRENDER SOBRE EL INTERNAMIENTO POR MI PADRE, DURANTE NUESTRAS CONVERSACIONES DE SOBREMESA.

ESO SIGUE SIENDO PARTE DEL PROBLEMA – QUE NO CONOCEMOS LOS ASPECTOS DESAGRADABLES DE LA HISTORIA AMERICANA...

...NOS OBLIGARON A DORMIR EN UN ESTABLO DE CABALLO DURANTE VARIOS MESES...

... Y POR CONSECUENCIA NO APRENDEMOS LAS LECCIONES QUE ESOS CAPÍTULOS NOS PUEDEN DAR.

ASÍ QUE LOS REPETIMOS UNA Y OTRA VEZ.

UNOS AÑOS DESPUÉS, ME MATRICULÉ EN U. C. L. A...

...PARA ESTUDIAR TEATRO Y ACTUACIÓN.

ASÍ QUE, CUANDO SURGIÓ LA OPORTUNIDAD DE UNIRME AL REPARTO DE UN MUSICAL ORIGINAL QUE ARROJABA LUZ SOBRE LAS INJUSTICIAS POLÍTICAS Y SOCIALES DEL MOMENTO...
FLY BLACKBIRD!
A CIVIL RIGHTS MUSICAL
AUDITIONS
...ERA DEMASIADO IMPORTANTE PARA DEJARLO PASAR.

FLY BLACKBIRD! RECIBIÓ OVACIONES ESTRUENDOSAS, CAPTURANDO EL OPTIMISMO DEL MOMENTO.
ESPARCIÓ UN MENSAJE DE CAMBIO POSITIVO Y ESPERANZA PARA UN FUTURO COMÚN.
DURANTE UNA TEMPORADA DE CASI UN AÑO, EL MUSICAL TUVO UN EFECTO PROFUNDO EN INCONTABLES MIEMBROS DEL PÚBLICO.

CONOCÍ A TANTAS PERSONAS EXTRAORDINARIAS Y DE IDEAS AFINES DURANTE LA PERMANENCIA DE LA OBRA.
ALGUIEN A QUIEN CONOCÍ ENTRE BASTIDORES DESPUÉS DE UN *SHOW*...
...ERA UNA COMPAÑERA ACTRIZ CON LA QUE LLEGARÍA A ESTAR INEXTRICABLEMENTE LIGADO.
HOLA, ME LLAMO NICHELLE NICHOLS. ¡ENHORABUENA POR EL ESPECTÁCULO!
¡GRACIAS POR VENIR, NICHELLE! ME ALEGRA MUCHO QUE TE HAYA GUSTADO.

ME GUSTARÍA HABLAR CON USTEDES... DEL ***SUEÑO AMERICANO.***

ES UN SUEÑO DE UNA TIERRA DONDE LOS HOMBRES DE TODAS LAS RAZAS, DE TODAS LAS NACIONALIDADES Y DE TODOS LOS CREDOS PUEDEN VIVIR JUNTOS COMO ***HERMANOS.***

POR UN LADO, HEMOS ***DECLARADO*** ORGULLOSAMENTE LOS PRINCIPIOS DE LA ***DEMOCRACIA***, PERO POR EL OTRO, TRISTEMENTE LO QUE HEMOS ***PRACTICADO*** ES ***TODO LO CONTRARIO*** A DICHOS PRINCIPIOS.

AHORA, MÁS QUE NUNCA, AMÉRICA SE ENFRENTA AL DESAFÍO DE CONVERTIR UN SUEÑO TAN NOBLE EN ***REALIDAD...***

...Y LOS QUE ESTÁN LUCHANDO PARA **LLEVAR A CABO** EL SUEÑO AMERICANO SON LOS VERDADEROS SALVADORES DE LA **DEMOCRACIA.**
QUEDÉ **HECHIZADO** POR LAS CONMOVEDORAS PALABRAS DEL DR. KING.
RESONARON EN MÍ PROFUNDAMENTE...
...NO SOLO COMO **AMERICANO**, SINO TAMBIÉN COMO **ACTOR.**
DR. KING, UTILIZANDO NADA MÁS QUE EL PODER DE SU VOZ, CAUTIVÓ A UN ESTADIO ENTERO.
DESPUÉS, TODO EL REPARTO FUE LLEVADO ENTRE BASTIDORES PARA CONOCER AL DR. KING. 
DURANTE NUESTRO BREVE ENCUENTRO, PRONUNCIÓ PALABRAS QUE PERMANECEN CONMIGO HASTA HOY.
MUCHAS GRACIAS POR TU CONTRIBUCIÓN ESTA TARDE.
ESTUVISTE MARAVILLOSO.
FUE UN HONOR.
MUCHAS GRACIAS.

NO SOLO CONOCER AL DR. KING Y DARLE LA MANO...

...SINO TAMBIÉN ***MANIFESTARME*** CON ÉL EN LAS CALLES DE LOS ÁNGELES...

...FUE UNA EXPERIENCIA INOLVIDABLE.

IGUALDAD ¡YA!

PERO LAS SEMILLAS DE MI ACTIVISMO FUERON SEMBRADAS MUCHO ANTES POR MI PADRE.

NUESTRA DEMOCRACIA ES UNA DEMOCRACIA PARTICIPATIVA.

EXISTENCIALMENTE, DEPENDE DE PERSONAS QUE ATESORAN LOS IDEALES MÁS ALTOS Y BRILLANTES DE NUESTRA DEMOCRACIA....

...Y PARTICIPAN DE MANERA ACTIVA EN EL PROCESO POLÍTICO.

DE HECHO, TE MOSTRARÉ CÓMO FUNCIONA.

LOS ÁNGELES, 1952
ESA TARDE, FUIMOS AL CENTRO A LA CAMPAÑA DE *ADLAI STEVENSON PARA PRESIDENTE*.

¿VES, GEORGE? ESTO ES DEMOCRACIA EN ACCIÓN.

EN AMÉRICA, CUALQUIER PERSONA PUEDE SER PRESIDENTE.
ES UNO DE LOS RIESGOS QUE ENFRENTAS.
LE VI HABLAR VARIAS VECES. ERA UN HOMBRE ELOCUENTE.

UN DÍA, UN SUSURRO AGITADO ATRAVESÓ LA SEDE DE LA CAMPAÑA.
¡VIENE!
¿DE VERDAD?

TODOS EN FILA RECTA. NADA DE BROMAS.

BIEN.
BIEN.

TODO CLARO.

AMIGOS, ¡AYÚDENME A DAR LA BIENVENIDA A ***LA SRA. ELEANOR ROOSEVELT***!

ES TAN MARAVILLOSO CONOCERLOS A TODOS.
PASÓ POR LA FILA Y DIO LA MANO A CADA VOLUNTARIO.

¡GRACIAS, ***GEORGE***, POR AYUDAR A ADLAI!
¡SABE MI NOMBRE!
ESTABA EN LAS NUBES.

GEORGE
TARDÉ EN RECORDAR ***LA ETIQUETA*** QUE LLEVABA PUESTA CON MI NOMBRE.

SI ALGO *FALTABA* ESE DÍA, FUE MI *PADRE.*
GEORGE

ESA MAÑANA...
CUANDO EL SR. STEVENSON SEA PRESIDENTE, PIENSAS QUE-
PRIMERO TIENE QUE GANAR EL VOTO, GEORGE.

¡DICEN QUE ESTARÁ AQUÍ DENTRO DE DOS HORAS!

HUMPF. NO ME SIENTO BIEN. DEBERÍA DESCANSAR.

¿NECESITAS ALGO?
NO, QUÉDATE TÚ Y AYUDA A ADLAI. ESTARÉ BIEN.

ESPERO QUE TE SIENTAS MEJOR.

ESCÚCHENME, TODO EL MUNDO. TENGO NOTICIAS.
POCO DESPUÉS DE QUE SE MARCHARA PAPÁ, RECIBIMOS LA NOTICIA DE QUE LA SRA. ROOSEVELT VENÍA.

NO FUE HASTA MÁS TARDE QUE ME DI CUENTA DE LO QUE OCURRIÓ ESE DÍA.
MI PADRE NO SE ENCONTRABA MAL.

NO QUISO DARLE LA MANO A LA MUJER...
...CUYO MARIDO HABÍA ***ENCARCELADO*** A SU FAMILIA.

DESPUÉS DE FLY BLACKBIRD!, ENCONTRÉ MÁS PAPELES DE INVITADO EN PRODUCCIONES DE HOLLYWOOD.
HOLLYWOOD

PLAYHOUSE 90
DICEN QUE LOS AMERICANOS SON LOS CONQUISTADORES...
...Y LOS CONQUISTADORES SON PODEROSOS...
...Y LOS PODEROSOS TIENEN LA RAZÓN.

THE TWILIGHT ZONE
¿CÓMO DIJISTE QUE TE LLAMAS, HIJO?
ARTHUR. ARTHUR TAKEMORI.
¿POR QUÉ ARTHUR?
¿POR QUÉ NO? YO NACÍ EN ESTE PAÍS.
SOY TAN AMERICANO COMO CUALQUIER PERSONA.

TUVE LA FORTUNA DE ENCONTRAR MUCHAS OPORTUNIDADES...
...AUNQUE PARA MUCHOS, LA NACIONALIDAD JUGÓ UN PAPEL IMPORTANTE.
FUISTE INTIMIDADO POR LA AUTORIDAD DEMASIADO RÁPIDO.
ESO NO ES AMERICANO. LOS AMERICANOS NO TEMEN A SU POLICÍA.
MISSION: IMPOSSIBLE

PERO NINGUNO ME IBA A CAMBIAR LA VIDA TANTO COMO UNA REUNIÓN QUE TUVE EN LOS ANTIGUOS ESTUDIOS R. K. O....
Desilu Studios
...HACE MUCHO RENOMBRADOS DESILU STUDIOS.

MI AGENTE, FRED ISHIMOTO, ME HABÍA CONSEGUIDO UNA REUNIÓN PARA GRABAR UN PILOTO PARA UNA SERIE.
Desilu Studios
¿QUÉ DICE AQUÍ?
NO ERA PARA UNA SOLA VEZ, ¡SINO UN TRABAJO REGULAR! ERA UNA OPORTUNIDAD DE VERDAD.

ES EL SHOW DE... I LOVE LUCY!
DESILU STUDIOS ERA PROPIEDAD DE LUCILLE BALL Y DESI ARNAZ.

VITAMEATAVEGAMIN
DOS ACTORES QUE UNA VEZ TRABAJARON EN ESTE MISMO PLATÓ COMO ACTORES CONTRATADOS...

...UNO UN INMIGRANTE DE CUBA...
...QUE AHORA ERAN LOS DUEÑOS DE TODO.

¿ROSENBURY?

SABÍA QUE CUALQUIER COSA PODÍA OCURRIR EN ESTE NEGOCIO TAN IMPREDECIBLE.
¡ESPERO QUE SEA AQUÍ!
23 B

HOLA, ¿EN QUÉ LE PUEDO AYUDAR?
BUENOS DÍAS. ESTOY AQUÍ PARA VER AL SR. ROSENBURY, POR FAVOR.
D.C. FONTANA

SE DICE *RODDENBERRY*.

TOMA ASIENTO POR FAVOR.
ME ACUERDO DE PENSAR "VAYA – HE COMENZADO BIEN CON ESTO" MIENTRAS ESPERABA ALLÍ SENTADO.

CADA SONRISA O MIRADA DE LA RECEPCIONISTA ME ENERVABA MÁS.
D.C. FONTANA
COMENCÉ A DARME CUENTA DE CÓMO EL HECHO DE SER SELECCIONADO PARA EL REPARTO DE UNA SERIE PODRÍA CAMBIARME LA VIDA. Y EMPECÉ A SENTIRME NERVIOSO.

INTERCAMBIAMOS MUCHAS SONRISAS TENSAS ANTES DE QUE SONARA, AFORTUNADAMENTE, EL INTERFONO.
BZZZT

MR. RODDENBERRY PUEDE VERLE AHORA.

HOLA, SOY GENE RODDENBERRY.

SENTÉMONOS AQUÍ.
DISCULPA POR LA DEMORA.
OH, NO PASA NADA...

DESPUÉS DE UN RATO DE INTERCAMBIAR LOS CUMPLIDOS DE RIGOR – INCLUYENDO CÓMO PRONUNCIAR CORRECTAMENTE MI NOMBRE...
RIMA CON *OKAY*.
TAKEI COMO *OKAY*. ¡TAKEI ES OKAY!
ME CAYÓ BIEN EL HOMBRE Y SU ACTITUD ESPONTÁNEA Y DESENFADADA.
ME SENTÍA CÓMODO, ERA DIFERENTE A CUALQUIER OTRO PRODUCTOR QUE HUBIERA CONOCIDO.

ES EL SIGLO VEINTITRÉS, A BORDO DE UNA NAVE ENORME – UNA NAVE ESPACIAL.

EL NOMBRE DEL PERSONAJE ES *SULU*.
ES UN BRILLANTE JOVEN OFICIAL DE CIENCIAS.
TIENE QUE SER DE ASCENDENCIA PAN-ASIÁTICA PARA REPRESENTAR ESA PARTE DEL MUNDO.
VA SER UN PERSONAJE FUERTE, INGENIOSO Y SIMPÁTICO.
HOLLYWOOD Y LA TELE TENÍAN UNA LARGA HISTORIA DE RETRATOS ESTEREOTIPADOS Y POCO FAVORECEDORES DE LOS HOMBRES ASIÁTICOS.
COMO BUFONES, SIRVIENTES O VILLANOS...
CRÉEME, VA A SER UN OFICIAL DE PESO EN ESTA NAVE.
GENE RODDENBERRY TÍMIDAMENTE SE DISCULPÓ POR ESTE LEGADO...
...MIENTRAS ME OFRECÍA LA MEJOR OPORTUNIDAD QUE JAMÁS HABÍA TENIDO.

GER
amlet
HAMBURGER HAMLET
"FRED, ¿CÓMO SE LLAMA ESTA SERIE?"

POR EXTRAÑO QUE PAREZCA, HASTA ESTE MOMENTO NO HABÍA PENSADO EN PREGUNTAR EL NOMBRE DE LA SERIE A NADIE.
STAR TREK.
AUNQUE PODRÍA SER MI OPORTUNIDAD DE ALCANZAR EL ÉXITO VERDADERO.

ES UN TÍTULO BUENO. ES CORTO. FÁCIL DE RECORDAR.
PERO ESCÚCHAME, AUNQUE CONSIGAS EL PAPEL, AÚN TIENEN QUE VENDER EL PILOTO.
ESTO SERÁ DIFÍCIL.

SALIENDO DE HAMBURGER HAMLET ESA TARDE, HICE ALGO POCO HABITUAL.
ME QUITÉ LA FACHADA DE INTOCABLE QUE PROTEGE NUESTROS EGOS EN ESTA PROFESIÓN.
HAML
NECESITO CONSEGUIR ESE PAPEL.
QUIERO ESTE PAPEL DESESPERADAMENTE.
ALGO TAN EXÓTICO COMO ESTA COSA CON EL ESPACIO... ES UNA APUESTA REAL.

"¿Y? IGUAL LO VENDEN".
HOLLYWOOD
QUIERO ESTE PAPEL... QUIERO ESTE PAPEL... QUIERO ESTE PAPEL...

POR SUPUESTO, CONSEGUÍ EL PAPEL.
O MANCHAN MI ESPADA CON SU SANGRE... ¡O LAS SUYAS CON LA MÍA!

COMO EL TENIENTE HIKARU SULU, TUVE LA OPORTUNIDAD DE REPRESENTAR MI HERENCIA ASIÁTICA CON HONOR...
...ANTE MILLONES DE ESPECTADORES EN LA TELE...

...Y SEIS VECES EN LA GRAN PANTALLA COMO (TENIENTE) COMANDANTE SULU, HASTA CONSEGUIR EL RANGO DE CAPITÁN.
FECHA ESTELAR 9521.6. BITÁCORA DEL CAPITÁN, USS EXCELSIOR. HIKARU SULU AL MANDO.

SAN DIEGO COMIC CON INTERNATIONAL
PERO LO MÁS IMPORTANTE ES QUE MI NOTORIEDAD INESPERADA ME HA BRINDADO UNA PLATAFORMA DESDE LA CUAL PUEDO ABORDAR MUCHAS CAUSAS SOCIALES QUE REQUIEREN ATENCIÓN.

NUEVA YORK
LONGACRE THEATRE
ALLEGIANCE
EN 2015, EL MUSICAL *ALLEGIANCE* TUVO SU ESTRENO EN BROADWAY.
ONE
FAMILY

TUVE UN PAPEL PROTAGONISTA JUNTO A UN ELENCO TALENTOSO – PRINCIPALMENTE INTÉRPRETES AMERICANOS ASIÁTICOS, INCLUYENDO LA EXTRAORDINARIA *LEA SALONGA* – PARA LLEVAR LA HISTORIA DEL INTERNAMIENTO A UN PÚBLICO MÁS AMPLIO.

MIENTRAS SE ESTUVO REPRESENTANDO, EL MUSICAL FUE VISTO POR UN POCO MÁS DE 120,000 ESPECTADORES...
...APROXIMADAMENTE EL MISMO NÚMERO DE JAPONESES AMERICANOS QUE FUERON ENCARCELADOS.

UNA TARDE, DESPUÉS DE UNA ACTUACIÓN, RECIBÍ UNA VISITA SORPRESA DE UNA MIEMBRO PARTICULAR DE MI PASADO.
GEORGE TAKEI
¿SR. TAKEI? TIENES UNA VISITANTE ESPECIAL.

HOLA, GEORGE. MI NOMBRE ES *FLORENCE KUBOTA.*
FUI LA SECRETARIA DE TU PADRE EN ROHWER.
MI HIJA ME PAGÓ EL VUELO PARA QUE PUDIERA VER TU ESPECTÁCULO.
¡OH MY! ¡QUÉ MARAVILLA VOLVER A VERTE!
ESPERO QUE TE HAYA GUSTADO LA OBRA.
SÍ, MUCHO.

FLORENCE, ESTE ES MI MARIDO, BRAD.
ENCANTADO DE CONOCERTE, BRAD.
¡TU MARIDO FUE UN VERDADERO PÍCARO DE NIÑO!

¡AÚN LO ES!
Ah ha ha

PARA AUMENTAR LA PRESIÓN SOBRE WASHINGTON, ME UNÍ ORGULLOSO A CIENTOS DE TESTIGOS PARA TESTIFICAR DELANTE DE LA ***COMISIÓN SOBRE LA REUBICACIÓN E INTERNAMIENTO DE CIVILES DURANTE LA GUERRA.***

10 AGOSTO 1988

...MIS COMPATRIOTAS ESTADOUNIDENSES, NOS REUNIMOS AQUÍ HOY PARA CORREGIR UN ERROR GRAVE.

HACE MÁS DE 40 AÑOS, POCO DESPUÉS DEL BOMBARDEO DE PEARL HARBOR...

...120.000 PERSONAS DE HERENCIA JAPONESA QUE VIVÍAN EN LOS ESTADOS UNIDOS FUERON SACADAS A LA FUERZA DE SUS HOGARES Y PUESTAS EN IMPROVISADOS CAMPOS DE INTERNAMIENTO.

ESTA ACCIÓN SE PRODUJO SIN JUICIO, SIN JURADO.

FUE BASADA ESTRICTAMENTE EN ***LA RAZA***, PORQUE ESTOS 120,000 ERAN AMERICANOS DE ASCENDENCIA JAPONESA.

A ESTAS ALTURAS, MÁS DE CUARENTA AÑOS DESPUÉS DE QUE FUERAN ENCARCELADOS, ALGUNOS AMERICANOS JAPONESES HABÍAN SIDO ELEGIDOS AL CONGRESO Y MUCHOS OTROS ALTOS CARGOS.

LA LEGISLACIÓN QUE ESTOY A PUNTO DE FIRMAR OFRECE UN PAGO DE COMPENSACIÓN A CADA UNO DE LOS 60,000 AMERICANOS JAPONESES SOBREVIVIENTES DE LOS 120,000 QUE FUERON REUBICADOS O DETENIDOS.
SIN EMBARGO, NINGÚN PAGO PUEDE COMPENSAR ESOS AÑOS PERDIDOS.
ASÍ QUE LO MÁS IMPORTANTE DE ESTA LEY ES MENOS UNA CUESTIÓN DE PROPIEDAD QUE DE HONOR.
PORQUE AQUÍ RECONOCEMOS UN MAL: AQUÍ REAFIRMAMOS NUESTRO COMPROMISO COMO NACIÓN A LA JUSTICIA IGUALITARIA BAJO LA LEY.
NO FUE HASTA *1991* QUE RECIBÍ UNA CARTA DE DISCULPA...
...CON UN TALÓN PARA $20,000* FIRMADO POR ***GEORGE H. W. BUSH***.
COMO DIRÍA MI PADRE: "LAS RUEDAS DE LA DEMOCRACIA GIRAN LENTAMENTE".
*DONÉ ESTE DINERO PARA AYUDAR A FUNDAR ***EL MUSEO NACIONAL JAPONÉS AMERICANO*** EN LOS ÁNGELES.
ESTO SUPONE UNA DECLARACIÓN ASOMBROSA SOBRE ESTE PAÍS.
LLEVÓ TIEMPO, PERO ***SE PIDIÓ DISCULPAS***.
ESA DISCULPA LLEGÓ DEMASIADO TARDE PARA MI PADRE.
FALLECIÓ EN 1979, SIN SABER JAMÁS QUE SU GOBIERNO ADMITIRÍA HABER ACTUADO MAL.

ROOSEVELT NOS RESCATÓ DE UNA DEPRESIÓN DESASTROSA.
SOPA GRATIS P
DESEMPLEADO

HIZO FALTA ESE HOMBRE, Y SU DETERMINACIÓN Y ENERGÍA CREATIVA...

...PARA ESTABLECER TODOS ESOS PROGRAMAS Y ELEVAR LAS FORTUNAS DE NUESTRO GRAN PAÍS.

PERO MIENTRAS CONDUCÍAMOS HACIA AQUÍ HOY, PENSABA "VOY A LA CASA DEL HOMBRE QUE ME ENCARCELÓ".

Y AHORA AQUÍ ESTOY, EN SU CASA...

SOLO EN AMÉRICA PUEDE OCURRIR ESO.

HABLO DE ELLO ABIERTA Y FRANCAMENTE, Y NO SÉ SI ESO PUEDE OCURRIR EN OTROS LUGARES.

PERO ME RECUERDA A ALGO QUE MI PADRE DECÍA...
...DE TODAS LAS FORMAS DE GOBIERNO QUE TENEMOS, LA DEMOCRACIA AMERICANA ES LA MEJOR.

PAPÁ, ¿CÓMO PUEDES *DECIR ESO*?
¡DESPUÉS DE TODO LO QUE SUFRISTE, PERDIENDO *TODO* POR LO QUE HABÍAN TRABAJADO MAMÁ Y TÚ!

ROOSEVELT NOS SACÓ DE LA DEPRESIÓN, E HIZO GRANDES COSAS...
...PERO FUE TAMBIÉN UN SER HUMANO FALIBLE...
...Y COMETIÓ UN ERROR DESASTROSO QUE NOS AFECTÓ DE MANERA CALAMITOSA.
PERO, A PESAR DE TODO LO QUE HEMOS EXPERIMENTADO, NUESTRA DEMOCRACIA ES AÚN LA MEJOR DEL MUNDO...

...PORQUE ES LA DEMOCRACIA DE *LA GENTE*...

We shall overco-oommee
...Y LA GENTE PUEDE HACER COSAS GRANDES.
PENSÁNDOLO AHORA...

...FUERON ESAS CHARLAS DE SOBREMESA CON MI PADRE QUE FORMARON MI PUNTO DE VISTA DEL MUNDO...
GEORGE TAKEI CITY COUNCIL 10th DISTRICT
JUNTOS PODEMOS INICIAR *CAMBIOS* EN LOS ÁNGELES.
GEORGE TAKEI CITY COUNCIL 10th DISTRICT
...E INSTAURARON EN MÍ EL DESEO DE COMPARTIR NUESTRA HISTORIA CON EL MAYOR NÚMERO POSIBLE DE PERSONAS.
GEORGE

ERES AFILIADO DEL MUSEO NACIONAL JAPONÉS AMERICANO.
EN REALIDAD, TÚ Y TU FAMILIA FUERON INGRESADOS EN UNO DE LOS CAMPOS DE INTERNAMIENTO DURANTE LA SEGUNDA GUERRA MUNDIAL.
SCOTT SIMON, *WEEKEND EDITION* DE N.P.R.

EN *DOS* DE ELLOS, DE HECHO.
Y FUI A LA ESCUELA EN UNA BARRACA DE ALQUITRÁN NEGRA Y COMENZABA CADA DÍA CON UNA VISTA A LA ALAMBRADA DE PÚAS.
GRACIAS A DIOS QUE YA HACE MUCHO DE ESAS CERCAS DE ALAMBRE DE PÚAS PARA LOS AMERICANOS JAPONESES.

ENERO 2008

AMÉRICA HA SALIDO ADELANTE NO SOLO GRACIAS A LAS HABILIDADES O LA VISIÓN DE LOS QUE OCUPAN ALTOS CARGOS...

...SINO PORQUE ***NOSOTROS, EL PUEBLO,*** HEMOS PERMANECIDO FIEL A LOS IDEALES DE NUESTROS ANTEPASADOS...

Y AUNQUE EN MI VIDA HE LLEGADO A VER LOS IDEALES ADOPTADOS QUE ME ENSEÑARON CON CONVICCIÓN...

JUNIO DE 2018

...VIEJOS ABUSOS HAN VUELTO A RENACER...

...CON RESULTADOS ***BRUTALES.***

UTAH
FRED KOREMATSU, DE 23 AÑOS, PASÓ EL INVIERNO DE 1942 EN EL CENTRO DE REUBICACIÓN TOPAZ.

NACIDO Y CRIADO EN OAKLAND, CALIFORNIA, HABÍA RECHAZADO LAS ÓRDENES DE SU GOBIERNO A REUBICARSE...
Y PERDIÓ SU CASO EN EL TRIBUNAL.

JUSTO ESTABA COMENZANDO UN PROCESO LARGO DE APELACIÓN...

...UNA APELACIÓN QUE EVENTUALMENTE PERDIÓ EN UNA DECISIÓN DEL TRIBUNAL SUPREMO.*
*A GORDON HIRABAYASHI Y MINORU YASUI LE SUCEDIÓ LO MISMO CUANDO SUS APELACIONES LLEGARON ANTE EL TRIBUNAL SUPREMO EN JUNIO DE 1943.

18 DE DICIEMBRE DE 1944
KOREMATSU NO FUE EXCLUIDO DE LA ZONA MILITAR POR HOSTILIDAD HACÍA ÉL NI SU RAZA.
JUEZ HUGO BLACK
"FUE EXCLUIDO PORQUE ESTAMOS EN GUERRA CON EL IMPERIO JAPONÉS..."

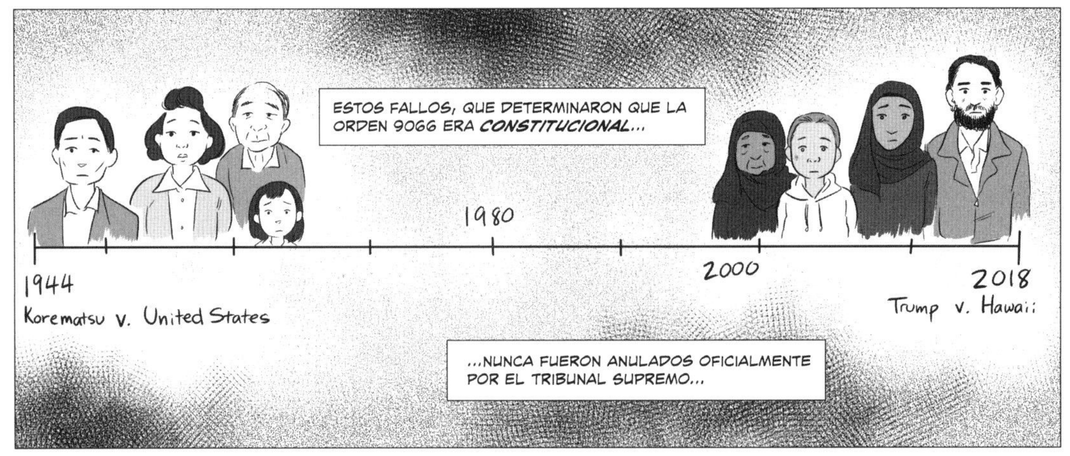
ESTOS FALLOS, QUE DETERMINARON QUE LA ORDEN 9066 ERA CONSTITUCIONAL...
1980
1944
Korematsu v. United States
2000
2018
Trump v. Hawaii
...NUNCA FUERON ANULADOS OFICIALMENTE POR EL TRIBUNAL SUPREMO...

...HASTA EL 26 DE JUNIO DE 2018.
DING!
LTE
3:36
NEWS
NOTICIAS: "El veredicto del caso Korematsu fue una grave equivocación", falla el Tribunal Supremo.
LA DECLARACIÓN DE JUEZ ROBERTS CONTINÚA DICIENDO QUE EL FALLO "NO TIENE CABIDA LEGAL BAJO LA CONSTITUCIÓN"...

PERO ES UNA IRONÍA CRUEL QUE EL TRIBUNAL DEROGARA A KOREMATSU COMO UNA MERA ANÉCDOTA EN TRUMP V. HAWÁI...
INTERNATIONAL
ARRIVALS

...LA MISMA NORMATIVA QUE SOSTIENE LA PROHIBICIÓN DEL PRESIDENTE DONALD TRUMP PARA INMIGRACIÓN DE PAÍSES MUSULMANES.
¡SIGUIENTE!

NO PODEMOS
PROCESAR TU
SOLICITUD.

"TIENE PROHIBIDO ENTRAR A LOS
ESTADOS UNIDOS DE AMÉRICA".

CONTRA ESTA ABOMINACIÓN, LA JUEZ SONIA
SOTOMAYOR ALZÓ UNA VOZ DISIDENTE...

HOY, EL TRIBUNAL
TOMA EL PASO
IMPORTANTE DE POR
FIN DEROGAR
KOREMATSU.
PERO MIENTRAS
SANCIONA UNA POLÍTICA
DISCRIMINATORIA
MOTIVADA POR LA
ANIMOSIDAD HACIA
UN GRUPO
DESFAVORECIDO...

"...EL TRIBUNAL VUELVE A DESPLEGAR LA MISMA
LÓGICA PELIGROSA DEL CASO KOREMATSU..."
REFUGEES
ARE
WELCOME
HERE
O BAN
OPEN THE
BORDER
TODOS SOMOS
INMIGRANTES
NO AL
VETO, NO
AL MURO

"...Y SIMPLEMENTE SUSTITUYE
UNA DECISIÓN 'GRAVEMENTE
EQUIVOCADA' CON OTRA".

1986
HOLLYWOOD
WALK OF FAME
¡TU PADRE ESTARÍA TAN ORGULLOSO DE TI!
GEORGE TAKEI

ESTAMOS AQUÍ COMO AMERICANOS QUE CREEMOS EN LOS IDEALES DE LA DEMOCRACIA DE NUESTRA GENTE...
HE TENIDO LA OPORTUNIDAD DE COMPARTIR MI HISTORIA CON PÚBLICO DE TODO EL MUNDO...

DIGAN: *"¡OH MY!"*

George Takei
@georgehtakei
10.4 m likes
...Y TOCAN VIDAS DE UNA MANERA QUE ERA IMPOSIBLE HACE NO MUCHO.

¡NOS TRATAN COMO ANIMALES!
ISAMU... *¡GAMAN!*
¿GAMAN?
CABEZA EN *ALTO.*
DESDE CONTAR NUESTRA HISTORIA EN BROADWAY...

...A COMPARTIR EL VIAJE DE MI VIDA EN UNA EXPOSICIÓN EN EL *MUSEO NACIONAL JAPONÉS AMERICANO...*
NEW FRONTIERS
The Many Worlds of George Takei

...CASI TODO LO QUE HE LOGRADO ES GRACIAS A ÉL.
GRACIAS, PAPÁ.

EPÍLOGO

ROHWER, ARKANSAS
"LA JUSTICIA SURGE DEL RECONOCIMIENTO DE NOSOTROS EN CADA UNO..."

MEMORIAL CEMETERY
ROHWER
RELOCATION CENTER
"...QUE MI LIBERTAD DEPENDE DE QUE TÚ TAMBIÉN SEAS LIBRE..."

"...QUE LA HISTORIA NO PUEDE SER UNA ESPADA PARA JUSTIFICAR LA INJUSTICIA NI UN ESCUDO CONTRA EL PROGRESO..."

"...SINO QUE DEBE SER UN MANUAL PARA EVITAR REPETIR LOS ERRORES DEL PASADO."
-PRESIDENTE BARACK OBAMA

信久遠慰霊碑

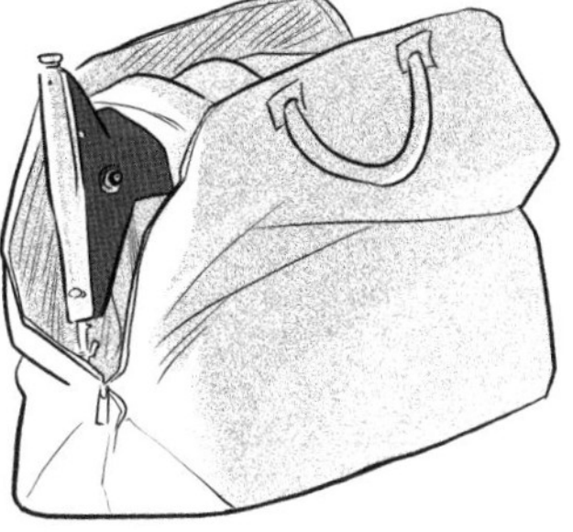

SOBRE LOS CREADORES

Con una carrera como actor que abarca seis décadas, **George Takei** es conocido en todo el mundo por su papel fundacional en la aclamada serie de televisión *Star Trek*, donde interpretó a Hikaru Sulu, timonel de la nave Enterprise. Pero la historia de Takei llega hasta donde pocas historias han llegado antes. Desde una infancia con su familia encarcelada indebidamente en campos de internamiento para japoneses americanos durante la Segunda Guerra Mundial, hasta convertirse en una de las figuras principales en la lucha por la justicia social, derechos LGTBQ e igualdad de matrimonio, Takei sigue siendo una voz poderosa en asuntos que van desde la política hasta la cultura pop. *Mashable.com* nombró a Takei la persona más influyente en Facebook, con 10.4 millones de *likes* y 2.8 millones de seguidores en Twitter.

Takei ha sido un promotor apasionado de la justicia social, voz defensora de los derechos humanos y activista comunitario. Ha servido como portavoz para el Proyecto Nacional para Salir del Clóset de Human Rights Campaign y fue el presidente de Asuntos Culturales de la Liga de Ciudadanos Japoneses Americanos. Es también presidente emérito y patrón del Museo Nacional Japonés Americano en Los Ángeles. Formó parte de la Comisión de Amistad Japón-EE. UU., nombrado por el presidente Clinton, y el Gobierno de Japón le concedió la Orden del Sol Naciente con Rayos Dorados y Roseta por sus contribuciones a las relaciones entre EE. UU. y Japón. Este honor le fue entregado por Su Majestad el Emperador Akihito, en el Palacio Imperial en Tokio.

Justin Eisinger es el director editorial de novela gráfica y antologías de IDW Publishing, donde ha pasado más de una docena de años sumergido en el mundo de la narración visual. Después de un encuentro decisivo con el pionero de los derechos civiles y autor de *March*, el diputado John Lewis, Eisinger dedicó su experiencia a adaptar películas y episodios de televisión de títulos como *My Little Pony*, *Transformers* y *Teenage Mutant Ninja Turtles* para ahora llevar historias cautivadoras de no-ficción a los lectores. Nacido en Akron, Ohio, vive en San Diego, California, con su mujer y dos perros, y en su tiempo libre edita la única revista norteamericana sobre patinaje en línea.

Desde la publicación de su cómic debut en 2010, **Steven Scott** ha trabajado habitualmente en el mundo del cómic, más notablemente como publicista. Sus escrituras han aparecido en publicaciones de Archie Comics, Arcana Studios y la revista *Heavy Metal*. Como blogger/columnista, ha escrito para páginas web de cultura pop como *Forces of Geek*, *Great Scott Comics* y *PopMatters*.

Harmony Becker es artista e ilustradora. Es la creadora de los cómics *Humawari Share*, *Love Potion* y *Anemone y Catharus*. Pertenece a una familia multicultural y ha vivido en Corea del Sur y en Japón. Su obra a menudo se centra en el tema de las barreras lingüísticas y cómo afectan a la gente y a sus relaciones. Vive en Columbus, Ohio.

Foto: Jon Ortiz

(I-D) Justin Eisinger, George Takei, Harmony Becker, Steven Scott

AGRADECIMIENTOS

Agradezco profundamente el amor y el firme apoyo organizativo de mi marido Brad, el increíble talento artístico de Harmony Becker y la dedicación y orientación experta de Justin Eisinger, Steven Scott y Leigh Walton.

— George Takei

Gracias a George Takei por confiar en nosotros para contar la historia de su vida como una novela gráfica. Amor profundo a mi mujer, Jenn, por la confianza y el apoyo que me brinda. A Steven, Harmony, Leigh y Brad, estoy muy orgulloso de lo que hemos creado. Y, por último, mi apreciación sincera a todos que nos han acompañado en esta empresa de educar para un futuro mejor.

— Justin Eisinger

A mi familia, por su amor y apoyo durante los años, estoy eternamente agradecido. Mis agradecimientos a George por las palabras de aliento y de inspiración que nos impulsaron adelante, a Justin por cuidarme la espalda desde el principio, a Harmony por llevar este proyecto a nuevas alturas, a Brad por hacerlo todo posible y a Leigh por todo lo demás imaginable.

— Steven Scott

Por siempre contestar el teléfono y escucharme cuando no podía hacerse nada más, quiero agradecer a Gracie y Kaori. Estoy muy agradecida a George Takei y al equipo de Top Shelf por su apuesta y por confiar en mí para esta historia.

— Harmony Becker